国家社科基金（14CTY006）部分研究成果

中国体育产业上市公司竞争战略研究

Research on competitive strategy of Listed
Companies in China's sports industry

谭　宏／著

经济管理出版社

ECONOMY & MANAGEMENT PUBLISHING HOUSE

图书在版编目（CIP）数据

中国体育产业上市公司竞争战略研究/谭宏著. —北京：经济管理出版社，2021.2
ISBN 978-7-5096-7802-2

Ⅰ.①中… Ⅱ.①谭… Ⅲ.①体育产业—上市公司—竞争战略—影响—企业绩效—研究—中国—2008—2017 Ⅳ.①F279.246 ②G812

中国版本图书馆 CIP 数据核字（2021）第 038425 号

组稿编辑：杨国强
责任编辑：杨国强
责任印制：黄章平
责任校对：赵天宇

出版发行：经济管理出版社
　　　　　（北京市海淀区北蜂窝 8 号中雅大厦 A 座 11 层　100038）
网　　址：www. E-mp. com. cn
电　　话：(010) 51915602
印　　刷：唐山玺诚印务有限公司
经　　销：新华书店
开　　本：720mm×1000mm/16
印　　张：13.25
字　　数：202 千字
版　　次：2021 年 3 月第 1 版　2021 年 3 月第 1 次印刷
书　　号：ISBN 978-7-5096-7802-2
定　　价：98.00 元

序

自从 20 世纪 80 年代美国学者迈克尔·波特（Michael E.Porter）提出三种基本通用竞争战略以来，关于竞争战略与企业绩效关系的研究一直是战略管理领域非常重要的研究内容，并成为了学界研究的热点。目前国内外许多研究者就竞争战略的识别、竞争战略与企业绩效的关系以及企业不同竞争战略的绩效差异比较等方面进行了理论研究及实证检验。然而，对于竞争战略与企业绩效的相关研究仍然没有得出一致性的结论，特别是深入探讨竞争战略对企业绩效影响的机制、机理的相关研究还相对较少。

2014 年，国务院颁发了加快体育产业发展促进体育消费的 46 号文件，该政策的出台使体育产业得到了"井喷式"的发展。2016 年 5 月，国家体育总局颁发了《体育发展"十三五"规划》（以下简称《规划》）。《规划》明确规定到 2020 年，我国体育产业总规模超过 3 万亿元，在国内生产总值中的比重达到 1%，这表明会有更多的战略性投资和财务性投资资金流向体育产业市场，使市场环境变得更加复杂多变，加大了市场的动态性和不确定性，对体育产业企业的生存和发展提出了更高的挑战。作为体育产业风向标的体育产业上市公司，如何制定竞争战略或者选择什么样的竞争战略才能更好地提高企业的绩效，体育产业上市公司制定竞争战略的影响因素有哪些，竞争战略如何影响企业绩效是体育产业关注的热点和重点问题。本书主要从体育产业上市公司竞争战略识别、竞争战略影响因素、创新的中介效应和环境的调节效应等方面来系统地研究体育产业上市公司竞争战略对企业绩效的影响机制。

本书以 2008~2017 年中国体育产业上市公司为研究对象，在竞争战略——企业绩效关系相关文献分析的基础上，根据竞争战略的本质，建立了基于财务分析视角的仅考虑上市公司经营活动的 Palepu 竞争战略识别指标体系，对体育产业上市公司进行战略类型刻画，然后利用问卷调查法和专家访谈法等方式，从企业管理视角对上市公司竞争战略影响因素进行了调查分析，同时采用多元回归方法，运用企业财务数据对竞争战略与企业绩效、经营管理方式、资本结构和创新投入之间的关系，进行影响要素差异分析。在此基础上引入企业的创新投入，考察了创新投入在低成本竞争战略和差异化竞争战略中对企业绩效的影响机理，还检验了环境的动态性、竞争性对竞争战略与企业绩效关系的调节作用。旨在刻画竞争战略对企业绩效的影响路径。

本书研究结果显著支持了绝大部分研究假设，最终形成了九个主要的研究结论：

1. 关于体育产业上市公司竞争战略识别

体育产业上市公司战略稳定型的企业共有 5 家，其中无战略 1 家，低成本战略 2 家，差异化战略 1 家，低成本差异化 1 家。

体育产业上市公司战略变迁型企业共有 16 家，其中有明确差异化战略变迁的 6 家，以低成本为基础进行低成本差异化战略变迁的 1 家，以差异化为基础进行低成本差异化战略变迁的 4 家，低成本战略和差异化战略相互替代的 2 家，还有 2 家企业实施了由低成本差异化战略到无战略的战略退化。

2. 关于管理者视角竞争战略选择的影响因素

研究结果表明：在影响体育产业公司竞争战略因素层判断矩阵中，资源型因素、能力型因素、环境型因素所占权重比分别为 0.1466、0.4672、0.3861，表明能力型因素对体育产业公司竞争战略选择影响最大，环境型因素对战略影响次之，资源型因素影响最小。从单个因素看，影响体育产业公司竞争战略因素的权重具有明显的层次性，营业利润率影响最大权重达到了12.15%，体育人口数量权重达到了11.42%，销售毛利率权重达到了10.30%。

从不同战略类型来看，能力型战略类型中对体育产业企业竞争战略选择影响因素最大的是营业利润率。环境型战略类型中对体育产业企业竞争战略选择影响因素最大的是体育人口数。环境型战略类型中对体育产业企业竞争战略选择影响因素最大的是总资产。说明体育产业企业自身的总资产和经营能力以及外部体育人口数量对竞争战略的影响较大。

3. 基于财务竞争战略的影响要素研究

（1）就体育产业上市公司采用不同的竞争战略在绩效上的表现来看，低成本差异化竞争战略绩效＞低成本竞争战略绩效；低成本差异化竞争战略绩效＞差异化竞争战略绩效；低成本竞争战略绩效＞差异化竞争战略绩效；低成本竞争战略绩效＞无战略绩效；差异化竞争战略绩效＞无战略绩效。可以推导出低成本差异化竞争战略绩效＞低成本竞争战略绩效＞差异化竞争战略绩效＞无战略绩效。说明体育产业上市公司采用不同的竞争战略，从绩效上的表现看，低成本差异化竞争战略绩效最优，低成本竞争战略次之，差异化竞争战略表现一般，无战略绩效表现最差。

（2）在销售费用占营收比中，无战略投入最少，低成本竞争战略投入次之，差异化竞争战略投入较多，低成本差异化竞争战略投入最多。

（3）对于管理费用而言，无战略投入最多，差异化竞争战略次之，低成本竞争战略占比更小，低成本差异化竞争战略投入最小。

（4）在资产负债率方面，采用无战略的上市公司负债率最大，差异化竞争战略次之，低成本差异化第三，低成本战略资产负债率最低。

（5）在无形资产的投入中，差异化竞争战略投入最大，低成本差异化竞争战略次之，低成本竞争战略第三，无战略在无形资产的投入上最小。

4. 竞争战略对体育产业上市公司绩效的影响

从短期影响看，低成本战略和差异化战略都能给体育产业上市公司带来绩效增长，从而增加企业的竞争优势。在短期影响中，体育产业上市公司实施低成本战略所带来的绩效增长要高于实施差异化战略的公司。

从长期影响看，低成本竞争战略对体育产业上市公司绩效没有显著影响，差异化竞争战略对体育产业上市公司绩效有显著影响，从而增加了体育产业上市公司的竞争优势。从长期影响看，差异化战略对长期绩效的影响更大、更持久。

5. 创新投入对竞争战略与企业绩效关系的中介效应

体育产业上市公司实施低成本竞争战略对创新投入没有正向影响，实施差异化竞争战略对创新投入有显著性影响。

创新投入在差异化竞争战略对企业绩效的影响中，每一步的回归系数都为正数且 P 值非常显著，在创新投入对绩效的影响中，系数为 8.603123，且 P 值非常显著，说明创新投入在差异化竞争战略对企业绩效的影响中具有中介效应。

6. 环境不确定性对体育产业上市公司竞争战略与公司绩效关系的调节效应

环境的动态性在低成本竞争战略和企业绩效之间具有正向且非常显著的调剂作用。而差异化竞争战略与动态环境的交互项中回归系数为负且不显著，表明在体育产业中，环境的动态性在差异化竞争战略对企业绩效的影响中没有调节作用。

低成本竞争战略和环境竞争性的交互项回归系数为负，且呈非常显著关系，说明在激烈的环境竞争性中，低成本竞争战略非常不利于企业绩效的提升。而差异化竞争战略与动态环境的交互项中回归系数为正且非常显著，表明在体育产业中，环境的竞争性在差异化竞争战略对企业绩效的影响中具有调节作用。

7. 中国体育产业上市公司股权结构与公司绩效

（1）体育产业上市公司第一大股东持股比例与公司绩效呈正相关关系。这与市场中普遍认为"一股独大"不利于上市公司发展的观点相矛盾，这说明我国体育产业正处于发展阶段，对于体育产业上市公司来说，如果控股股东持有公司股票比例过低，其他因素将变得不可控，更容易影响上市公司的绩效。随着第一大股东持股比例的增加，其他股东影响公司的行为、动机就会逐渐减弱。所以，在体育产业发展的初级阶段，第一大股东持股比例高对上市公司的发展有积极影响。

（2）体育产业上市公司法人股持股比例与公司绩效为正相关。事实上，我国的体育产业上市公司的法人股东绝大部分都是公司的控股股东，对公司有绝对的控制权，其他股东股份较少或相对少。从而避免了其他因素对公司业绩的影响，从而有利于公司的发展。但从长远发展看，这种绝对控股对公司治理、改善企业经营绩效也有阻碍，目前虽然法人股比例与体育产业公司绩效为正相关，可能是因为我国体育产业才刚刚起步，处在一个高速发展的阶段，因而会出现正相关的结果。但随着体育产业的不断发展，市场的不断完善，这种绝对持股和上市公司的绩效还有待市场的检验。

（3）体育产业上市公司流通股股东与公司经营绩效呈负相关，但没有显著影响。对于体育产业上市公司而言，许多流通股股东通常只关心短期股票买卖，从中获得差价利润，并非看重公司长期发展所带来的红利、股息收入。很明显，分散的流通股股东既不想也不能监管公司的发展，频繁的买卖交易会使流通股股东的市场监督权利形同虚设。但我国体育产业要高速发展就必须依托资本市场，因而，加快发展资本市场能为我国体育产业的健康发展创造良好的基础。

8. 我国体育产业上市公司经营效率评价

（1）探路者、中国动向、匹克体育的技术效率以及纯技术效率值为1，在生产前沿面上，3家公司的规模收益不变，这表明探路者、中国动向、匹克体育的投入和产出结构达到了最佳规模，投入和产出效率相对较好。

（2）在体育产业上市公司中有5家公司处于规模收益递增的阶段，有3家公司处于规模收益递减的阶段。中体产业、西藏旅游、青岛双星、信隆实业、特步国际规模收益递增表明这几家公司可以扩大生产规模，以获取更好的收益。李宁、安踏体育、361度规模收益递减说明它们在原有的生产规模上，生产扩张出现了负增长。

（3）在所有上市公司中，有8家上市公司在投入能力、经营能力、发展潜力和盈利能力上需要进一步改进，才能获得更好的效益。其中，安踏体育在投入能力的改进空间最大；青岛双星、中体产业在经营能力上具有较大的提升潜力；中体产业、青岛双星和信隆实业的发展能力还有提升的空间；特步国际和361度在盈利能力方面还可以进一步改进。

9. 体育产业微观资本结构影响因素

（1）从长期来看，上市公司的盈利水平、营运水平、短期偿债能力、发展潜力、与资本结构之间存在显著关系。其中，销售的净利率、总资产的收益率与资产负债率显著负相关，说明体育产业上市公司销售净利率提高对其公司资产负债结构具有优化作用。资产负债和应收账款周转率、总资产周转率显著负相关，说明体育产业企业的营运能力进一步提高，资产利用率增强，更多地采用自有资金，会降低负债比例，尤其是长期负债比例。资产负债与资金流动比显著负相关，表明资产负债率越高，资金流动比越低。资产负债与资金速动比显著正相关，说明资产负债率越高，资金流动比越低，如果流动比率较高，但资金速动比很低，则企业的短期偿债能力仍然不高。资产负债与净利润增长率和净资产增长率呈现出负相关关系，只有净资产增长率对资产负债率有显著的负向影响。

从短期波动看，我国体育产业的盈利水平、短期偿债能力、发展潜力都对资本结构有一定的影响。我们可以看到，短期内，盈利水平指标——销售的净利率以及总资产的收益率与公司资产负债率具有负向作用，但各变量系数的t值均不显著。这表明盈利能力指标对资产负债率有短期降低的作用，不过效果均不明显，这可能与公司内部政策的调整以及盈利的稳定程度有关。在公司发布针对发展的内部激励政策时，整体运营环境相对较好，但同时也面临外界宏观政策因素的影响，这就有可能造成盈利上升但资产负债比例并未下降的现象。

同时，运营水平指标——应收账款的周转率和总资产的周转率，偿债能力指标——速动比和流动比以及发展潜力指标——净利润的增长率和净资产的增长率，与资产负债率也都具有短期的负相关关系，但系数的 t 值均不显著。这表明短期内公司的运营水平、偿债能力或发展潜力的提升，有助于资产负债比率的下降，但效果并不明显。

（2）从因果检验来看，体育产业上市公司的资产的负债率与销售的净利率、总资产的收益率、应收账款的周转率和总资产的周转率之间不存在相互的 Granger 因果关系。资金流动比与资金速动比是资产负债率发生变动的 Granger 原因，但资产负债率却不是公司偿债能力发展的原因。可见，资金流动比以及速动比的提高能成为公司资产负债率降低的有效途径之一。此外，资产负债率是净利润增长率和净资产增长率发生变动的 Granger 原因，但相反，发展能力指标却不是资产负债率发生变动的 Granger 原因。从这里可得出，公司资产负债率的降低，在一定程度上说明了公司内部可用于融资的资产增加，为公司在市场上的发展提供了充足的资金来源，是公司发展的重要条件。

在研究结果的基础上，本书进一步地分析探讨了体育产业上市公司在具体管理实践中的启示，为体育产业公司战略决策提供参考依据。

项目能够顺利完成，首先要感谢西南科技大学的领导和同事们，他们的不断鞭策和鼓励是我们进行课题研究的不竭动力。同时，本书也汲取了许多有关体育产业的资料文献，借鉴和参考了国内外许多专家学者的最新研究成果，在此一并表示感谢。由于作者水平有限，以及受时间、经费方面的限制，错误与不当之处在所难免，恳请同行专家和广大读者批评指正。

谭　宏

2019 年 10 月

目　录

1 前 言

1.1 研究背景

2017 年 8 月，习近平总书记在会见全国体育先进单位和先进个人代表时的讲话中明确指出："体育强则中国强，国运兴则体育兴"，这既是对体育价值的充分肯定，同时也把体育发展提升到了国家发展的战略高度。原国务院副秘书长江小涓也指出："目前我国已经进入发展的新时期，体育提供的健康与快乐，是人民群众美好生活愿望中的重要需求，极具增长潜力，极具社会价值。当今时代，体育要强、要兴，发展体育产业是主要途径。"

从体育产业发展的国际经验来看，当人均国民收入超过 6500 美元后，对体育消费的有效需求开始大规模形成，进入国民高收入阶段后，体育产业将成为支柱型产业，目前我国正处在体育产业快速增长时期，同时也已经迈入高质量发展新阶段，体育产业的发展更多强调的是创新、协调、绿色、开放、共享的发展理念，逐渐形成了满足人民群众对美好生活愿望的新型消费观。

1.1.1 体育需求的快速增长

2014 年 10 月 20 日，国务院颁发了《关于加快发展体育产业促进体育消费的若干意见》（国发〔2014〕46 号文件），该政策的出台使体育产业得到了"井喷式"的发展，政策仅仅出台一年时间，2015 年体育产业增加值就达到 4000 亿元，占 GDP 比重达到了 0.7%，和以往相比有了很大提升。2016 年 5 月，国家体育总局颁发了《体育发展"十三五"规划》（以下简称《规划》）。《规划》明确规定到 2020 年，我国体育产业总规模超过 3 万亿元，在国内生产总值中的比重达到 1%。

从表 1.1 和图 1.1 可以看出，过去 10 年，根据国家统计局和国家体育总局正式公布的体育产业统计数据，中国体育产业发展速度一直显著高于 GDP 增长速度。2008~2017 年，我国体育产业总规模和产业增加值总体均呈现持续快速上涨的趋势，2008 年体育产业总规模为 4628.0 亿元，实现增加值 1554.7 亿元，2017 年体育产业总规模为 22000 亿元，实现增加值 7811 亿元。截至 2017 年底，体育产业总规模与 2008 年相比，涨幅达 375.3%，年均增长率达 19.32%，体育产业增加值涨幅达 402.3%，年均增长率为 20.11%。其中，2012 年以前，体育产业增加值增长大约为 GDP 增长速度的 2 倍，而 2012 年以后，由于我国经济结构的调整，体育产业表现出了更加强劲的发展势头，体育产业增加值年均增长速度更是达到了 26.6%，比同期 GDP 增长速度大约高出了 4 倍。

表 1.1 体育产业增加值增长速度与名义 GDP 增长速度

年份	体育产业总规模（亿元）	体育产业增加值（亿元）	体育产业增加值增长速度（%）	名义 GDP（万亿元）	名义 GDP 增长速度（%）	体育产业增加值占 GDP 比重（%）
2006	—	982.89	—	21.944	—	0.45
2007	—	1265.23	28.73	27.023	23.15	0.47
2008	4628.00	1554.97	22.90	31.952	18.24	0.49

年份	体育产业总规模（亿元）	体育产业增加值（亿元）	体育产业增加值增长速度（%）	名义GDP（万亿元）	名义GDP增长速度（%）	体育产业增加值占GDP比重（%）
2009	—	1835.93	18.07	34.908	9.25	0.53
2010	—	2220.12	20.93	41.303	18.32	0.54
2011	—	2689.06	21.12	48.930	18.47	0.55
2012	—	3135.95	16.62	54.037	10.44	0.60
2013	—	3563.00	13.62	59.524	10.15	0.63
2014	13574.71	4040.98	13.42	64.397	8.19	0.63
2015	—	5494.00	35.96	68.905	7.00	—
2016	19011.30	6475.00	17.86	74.413	7.99	0.90
2017	22000.00	7811.00	20.60	—	—	1.00

资料来源：国家统计局和国家体育总局网站。

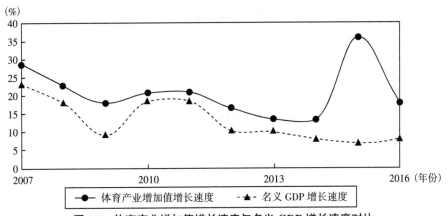

图 1.1　体育产业增加值增长速度与名义 GDP 增长速度对比

　　截至 2018 年底，我国人均 GDP 已经超过 9500 美元，已居于中上等收入国家的平均水平。按照国际体育产业发展的一般趋势来看，当人均 GDP 达到 5000 美元的时候，公民的文化体育消费需求增长很快，体育产业的发展会呈现出一个"井喷式"的发展态势，而目前中国人均 GDP 已经超过了 9500 美元，加之中国具有体育人口基数大、互联网渗透率高、政府推动力强等独特优势，由此可以判断，中国已经进入了体育产业需求快速增长的时期，体育产业高速发展已经具备了很好的基础。

从国际比较看，本书主要从体育产业规模占 GDP 的比重和体育产业增加值的增加速度两方面加以说明。

首先，从体育产业占 GDP 的比重看，已有研究表明，近几年全球体育产业总值占全球 GDP 比重约为 1.8%，其中在欧美发达国家所占比重更大，比如美国的体育产业占 GDP 比重约为 2.85%，德国、法国、英国、日本、韩国、加拿大等国的体育产值在 GDP 中所占比重为 1.8%~4%。更有调查研究发现，体育产业在有些国家的产业体系中，占 GDP 的比重超过了许多传统的支柱性产业，比如汽车制造业等，成为新的经济增长点，足见其支柱地位和增长潜力。

其次，从体育产业规模的增长速度看，体育产业在全球仍是增长较快的行业。根据 AT 科尔尼咨询公司在对世界范围内体育产业 2000~2010 年的统计看，体育产业的增长速度比 GDP 增长速度要快，其中美国体育产业的增速是 GDP 的 1.9 倍，法国和德国是 3.5 倍，英国更是达到了 3.8 倍；在发展中国家，巴西、印度和墨西哥分别是 1.7 倍、2.1 倍、3 倍。

中国体育产业占 GDP 的比重数值明显偏低，2016 年仅占 0.9%，2017 年仅占 1%。无论与经济总量相比，还是与人均 GDP 相比，我们国家体育产业占 GDP 的比重在有体育产业统计数据的国家中都是最低的，但从我国体育产业增加值的增长速度看，从表 1.1 中可以看出，2013~2016 年，我国体育产业产值年均增长率是 25.8%。2016 年全国体育产业增加值为 6475 亿元，比 2012 年增加了 3339.05 亿元，产业增加值占 GDP 比重由 2012 年的 0.60%增长至 2017 年的 1.00%。

2014 年，国家颁布了《国务院关于加快发展体育产业促进体育消费的若干意见》（下称的"46 号文"），指出"到 2025 年中国的体育产业产值达到 5 万亿元"。按此计算，我国体育产业产值要从 2013 年的 9533.73 万亿元增加到 2025 年的 5 万亿元，未来 10 年体育产业年均增长率要达到 15% 以上，这个速度不可谓不快。然而现实表明，实际增长更快，如果按现有体育产业规模和增长速度计算，从 2016 年起年均增长率只要达到 11.4%（见表 1.2）即可完成这个目标。这个增长速度远低于现在体育产业产值的年均实际增长率，显示出了强劲的增长势头。

表 1.2 体育产业增长速度及增加值预测

年份	体育产业总规模（亿元）	体育产业增加值（亿元）	体育产业增加值增长速度（%）
2017	21156.50	5057.28	11.35
2018	23557.79	5631.28	11.35
2019	26231.60	6270.43	11.35
2020	29208.88	6982.12	11.35
2021	32524.09	7774.59	11.35
2022	36215.58	8657.01	11.35
2023	40326.05	9639.58	11.35
2024	44903.05	10733.67	11.35
2025	50000.00	11951.95	11.35

注：2017~2025 年体育产业总产值从 1.9 万亿元增长到 5 万亿元，年均增长率需要达到 11.35%，按增长率估算 2017~2025 年体育产业增加值数据。2017 年数据是以 2012~2016 年数据平均值为基数的值。

1.1.2 产业政策密集出台，政策导向明显，投资、创新活跃

体育产业作为一种绿色产业、健康产业，以及未来经济的主要增长点，国家对体育产业的重视程度越来越高，特别是在 2008 年北京奥运会以后，在经济新常态下，出台了许多相关政策文件来扶持和发展体育产业，从政策维度为我国体育产业发展创造了良好的外部环境，推动体育产业不断地向前发展。

从国家层面看，2010 年，国务院办公厅颁布了《关于加快发展体育产业的指导意见》，明确提出要加快发展体育产业，拓展体育发展空间，丰富群众体育生活，把体育产业放在重要的发展位置。2011 年 4 月 29 日，

国家体育总局为了统筹"十二五"期间体育产业的各项工作，创造性地发挥体育产业在促进经济发展、社会和谐、文化繁荣等方面的独特作用，提升体育产业的整体发展水平，制定并印发了《体育产业"十二五"规划》，对"十二五"期间的我国体育产业发展规划进行了合理布局。为了较好地缓解体育需求快速增长与公共体育资源相对不足的矛盾，2013年10月，国家体育总局等8个部门颁布了《关于加强大型体育场馆运营管理改革创新 提高公共服务水平的意见》。2014年10月，为了满足人民群众多样化的体育需求、保障和改善民生，国务院印发了国发〔2014〕46号文件《关于加快发展体育产业促进体育消费的若干意见》，有利于扩大内需、增加就业、培育新的经济增长点，有利于弘扬民族精神、增强国家凝聚力和文化竞争力。2015年《政府工作报告》中明确提出要扩大体育消费，促进全民健身、竞技体育和体育产业的发展。同年，国务院还颁布了《关于加快发展生活性服务业促进消费结构升级的指导意见》等政策文件，对体育产业相关消费做出了明确要求。2016年，国家体育总局颁布了《体育产业发展"十三五"规划》，其是在健康中国和供给侧结构性改革的基础上，构建了符合全民参与的多元化体育需求。将体育产业从追求规模向提高质量和竞争力扩展。

从地方层面看，截至2017年12月，全国31个省（直辖市、自治区）都研制出台了关于以加快本地区体育产业发展而促进体育消费的一系列政策文件，其中，28个省（直辖市、自治区）单独制定了《体育产业"十三五"发展规划》，至少有26个省（直辖市、自治区）级政府明确提出了到2020年体育产业占GDP值将超过1%。许多地方政府都在努力将本地区打造成体育产业聚集区。地方一系列的体育产业政策的出台，基本形成了中央与地方政策相互促进的局面，对有效促进全国及地方体育产业的健康发展起到了必要的政策引导作用。

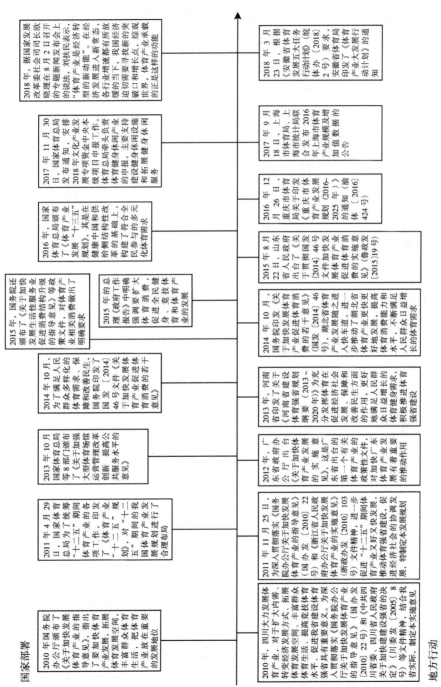

图 1.2 中国体育产业的政策推进脉络图

在政策的引导下，大量资金涌入体育产业，据不完全统计，2013年至今，我国至少成立了35只体育产业基金，投资规模达到了1370.56亿元。2015年，体育类初创公司融资217起，融资金额约147亿元；2016年，有披露的体育类初创公司融资235起，融资金额达到l96亿元。

随着改革的不断深入，市场中更多的战略性投资和财务性投资资金会流向体育产业市场，而作为体育产业市场标杆的体育产业上市公司无疑为资本的注入提供了很好的平台，大量资本的进入使市场环境变得更加复杂多变。在资本进入获得更多的发展机遇的同时，也加剧了企业之间的竞争博弈，加大了市场的动态性和不确定性，对体育产业企业的生存和发展提出了更高的挑战。在这种错综复杂的市场环境中，作为体育产业风向标的体育产业上市公司如何制定竞争战略或者选择什么样的竞争战略才能更好地面对激烈的市场竞争？提高企业的绩效，以及上司公司所选择的竞争战略是如何影响企业绩效的？竞争战略对体育产业上市公司绩效的影响机制是什么？这些问题既是体育产业关注的热点问题，同时也有助于我国体育产业企业制定合适的战略策略，更好地适应市场的发展。

1.2 研究意义

国内外关于竞争战略与企业绩效的研究成果相对比较丰富，而对体育产业竞争战略与企业绩效的关系研究的文献很少。在我国体育产业快速发展的时期，不同的竞争战略对体育产业企业绩效如何影响？显然，国内外不同的研究对象和研究结论不适合我国的体育产业发展的规律，这需要对我国体育产业的实际数据进行分析才能解答。本书在前期相关研究的基础上，从理论和实证角度探讨低成本战略和差异化战略两种基本战略对体育产业企业绩效的影响机制，为我国体育产业企业竞争战略的合理选择与优化提供决策，具有一定的理论和实践意义。

从理论意义上讲，本书的研究突破了竞争战略对企业绩效的直接影响，在研究过程中加入了调节变量和中介变量，使研究体系更加科学、合理地解释了竞争战略对体育产业上市公司绩效的影响机理，进而使研究结论更加贴合实际。本书的研究从不同行业的角度验证竞争战略对企业绩效的影响机制，可以使竞争战略绩效研究更加丰富和深化。

从实践意义来看，在我国体育产业政策密集出台、大量资金进入体育产业领域的背景下，体育产业以其绿色、健康的发展模式，逐渐成为我国经济新的增长点。但大量的资本涌入、人民生活水平的提高使体育产业环境发生了巨大变化。在此背景下，体育产业企业要实行什么样的战略才能满足市场的需求，从而确保利益的持续增长。因此，对体育公司竞争战略的研究具有丰富的实践意义。具体来说，主要的实践意义如下：

第一，通过对体育产业上市公司竞争战略因素和战略绩效关系的研究，有助于筛选出影响我国体育产业公司竞争战略的因素，为体育产业公司制定战略决策提供参考依据。

第二，体育产业上市公司对行业的稳定与发展有着举足轻重的作用，对上市公司战略评价体系研究的丰富和完善，可以降低信息不对称给体育产业带来的风险，有助于整个体育产业行业的发展。

第三，体育产业上市公司是整个体育产业的排头兵，体育产业市场的任何波动都会引起体育产业上市公司的联动反应。通过对上市公司的研究可以为相关部门优化产业市场资源配置、提高产业监管、制定产业政策提供参考。

1.3   研究目的

2016 年 5 月，国家体育总局颁发了《体育发展"十三五"规划》，明确规定到 2020 年，我国体育产业总规模超过 3 万亿元，在国内生产总值中的比重达到 1%。这表明会有更多的战略性投资和财务性投资资金流向体育产业市场，使市场环境变得更加复杂多变，加大了市场的动态性和不确定性，为体育产业企业的生存和发展提出了更多的挑战。作为体育产业风向标的体育产业上市公司如何制定竞争战略或者选择什么样的竞争战略才能更好地提高企业的绩效，是体育产业关注的热点问题。

本书在已有的研究基础上，结合我国体育产业上市公司的实际情况，从理论和实证角度探讨体育产业上市公司采用不同的竞争战略对企业绩效的影响机制，进一步发掘创新中介作用和环境特征的调节作用是如何影响企业绩效的。希望为我国体育产业上市公司制定合理的竞争战略提供决策参考。

1.4   研究内容与章节安排

第 1 章：前言。本章主要基于我国体育产业发展现状阐述选题背景并分析研究意义，包括研究的理论意义和实践意义，以此归纳本书的研究目的，阐述选题的研究方法以及技术路线。最后，介绍本研究的主要创新点。

第 2 章：文献综述。结合国内外文献，对企业竞争战略识别以及竞争战略对企业绩效的影响机制进行回顾、梳理、分析。首先，阐述现有研究关于竞争战略的概念及其分类，在此基础上界定本研究的竞争战略定义；其次，在对竞争战略理论综述的基础上，对竞争战略与企业绩效、环境不确定性等相关概念进行分析、述评，为后续实证分析竞争战略对企业绩效的影响机制提供理论基础。

第 3 章：竞争战略识别。运用 DuPont 模型，构建改进的 Palepu 竞争战略识别体系识别体育产业上市公司的竞争战略，并深入分析体育产业上司公司的战略变迁。

第 4 章：体育产业公司竞争战略选择的影响因素。主要以体育产业公司为研究对象，从资源型因素、能力型因素、环境型因素等方面入手，构建体育产业公司竞争战略影响因素指标体系，然后运用 AHP 法对我国体育产业公司竞争战略因素进行分析，确定影响体育产业公司战略选择的因素。

第 5 章：我国体育产业上市公司竞争战略的影响机制研究。在文献分析的基础上进行理论模型的构建，提出体育产业上市公司竞争战略的影响机制的研究假设。然后从体育产业上市公司竞争战略影响要素分析、竞争战略对体育产业上市公司绩效影响、创新投入对竞争战略与企业绩效关系的中介效应、环境不确定性在体育产业上市公司竞争战略对企业绩效的调节效应等几个方面展开研究。具体安排如下：

（1）体育产业上市公司竞争战略影响要素分析研究，主要从财务报表视角分析战略与企业绩效、经营管理方式、资本结构等方面分析体育产业上市公司竞争战略影响要素。

（2）竞争战略对体育产业上市公司绩效影响研究，主要以 22 个体育产业上市公司财务数据为研究对象，在竞争战略识别得出的竞争战略类型基础上，利用多元回归从短期和长期视角分析了不同的竞争战略对体育产业上市公司绩效的影响。

（3）创新投入对竞争战略对企业绩效的中介作用研究，在相关研究的基础上，将体育产业上市公司创新投入作为中介变量，构建创新投入、竞争战略与企业绩效关系的概念模型，在企业的财务数据基础上，运用多元回归模型探讨创新投入在战略—绩效关系中的中介效应。

（4）环境不确定性对竞争战略对企业绩效的调节作用，主要利用体育产业上市公司财务数据构建强平衡面板数据，构建环境的"动态性"和"竞争性"、竞争战略与企业绩效关系的概念模型，并探讨环境不确定性（动态性和竞争性）在竞争战略—企业绩效关系中的调节效应。

第6章：体育产业上市公司股权结构与公司绩效研究。上市公司的业绩的好坏与它的股权结构密切相关，从这个意义上讲，上市公司的股权结构决定了它的治理结构，而公司的治理模式则是股权结构的具体表现形式。股权结构的不同决定了企业组织结构的差异，公司组织结构不同决定了不同的企业治理结构，最终影响企业的业绩和成长。因此，体育产业上市公司治理状况如何不仅直接反映了上市公司的经营基础，而且对整个体育产业深化改革和即将上市的体育产业公司的绩效治理有着重要的借鉴意义。

第7章：体育产业上市公司运营效率评价。对体育产业上市公司进行客观、有效的评价，可以反映体育产业现状和发展潜力，对我国体育产业技术创新和提高国际竞争力具有重要价值和意义。利用因子分析和数据包络分析的方法，对体育产业上市公司经营情况的技术效率、纯技术效率以及规模效率、规模收益进行分析，在此基础上对投入、产出的改进空间及最优化目标作测定。最后得出结论，从改进我国体育产业上市公司经营绩效的角度提出了政策建议。

第8章：体育产业微观资本结构影响因素的动态计量分析。以我国体育产业上市公司的横截面数据为研究样本，通过采用向量自回归模型，从盈利能力、运营能力、短期偿债能力以及发展能力方面进行实证分析，对我国体育产业资本结构影响因素的真实状况进行精确测定，旨在找出影响我国体育产业资本结构的因素，为体育产业健康发展提供理论借鉴。

第 9 章：基于 DEA 模型的体育产业上市公司经营效率研究。通过
DEA（Data Envelopment Analysis）模型，研究体育产业上市公司其经营效
率和规模报酬，针对投入和产出要素进行了投入冗余和产出不足分析，
给出了不同投入、产出组合方案的相对效率。其目的在于度量体育产业
上市公司运营等方面的效率，明确风险的来源及其程度的大小，为投资
者规避风险和管理者监管市场提供参考。

第 10 章：结论与建议。首先，对体育产业上市公司竞争战略与企业
绩效关系实证研究得出的主要研究结论进行总结；其次，提出针对体育
产业上市公司竞争战略选择与优化的对策与建议；最后，指出本书研究
可能存在的不足之处并给出未来研究的方向。

1.5　研究方法

本书主要采用定性分析和定量分析相结合的研究方法，以体育产业
上市公司为研究目标，在对以往文献分析、研究的基础上构建理论框架，
然后对上市公司竞争战略与绩效的关系进行实证研究。主要研究方法如下。

1.5.1　文献分析法

由于体育产业在中国起步较晚，对于体育产业公司竞争战略的研究
相对较少，为探索低成本竞争战略和差异化竞争战略对体育产业上市公
司企业绩效的影响机制，首先需要对相关领域的研究进行详细分析、梳
理，总结在不同的研究领域对企业竞争战略的研究思路、方法和改进方
向，在此基础上总结、凝练出基于体育产业上市公司竞争战略的研究框架。

在文献整理、分析的过程中，为了能更加全面地掌握该研究的最新

进展，笔者利用中国学术期刊全文数据库（CNKI）、维普科技期刊数据库、万方数据知识服务平台，以及国外的 EBSCOhost 电子期刊、Springer 电子期刊数据库等，并对体育经济、管理学的权威期刊进行了跟踪。主要有 Journal of Sport Management、Journal of Sports Economics、European Sport Management Quarterly、International Journal of Sport Finance、International Journal of Sports Marketing & Sponsorship 等。

通过对数据库检索和期刊论文跟踪研究，笔者收集了大量不同产业领域有关竞争战略和企业绩效理论的文献，在详细阅读、分析研究文献的基础上，经过反复研讨最终确定了本书的研究思路。

1.5.2　专家访谈法

通过对从事体育产业运营管理、行业研究等领域的专家访谈，归纳出影响体育产业上市公司低成本竞争战略和差异化竞争战略的基本因素集。在前期相关研究基础上，设计竞争战略影响因素的问卷调查表。确定调研对象，进行实地走访调研，从而获取本书所需的数据资料。

1.5.3　实证研究法

1.5.3.1　描述性统计分析

描述性统计主要对体育产业上市公司财务数据进行频数分析、离散度分析、集中趋势分析等统计描述分析，说明各变量的均值、标准差、最大值、最小值等数据特征。

1.5.3.2　多元回归分析

多元回归分析主要研究体育产业上市公司竞争战略与企业绩效的关系，把企业绩效视为因变量，其他一个或多个变量视为自变量，建立多个变量之间线性或非线性数学模型数量关系式，并利用上市公司财务数据进行的统计分析，包括竞争战略对企业绩效的影响、创新投入的中介效应、环境不确定性的调节效应等。

1.6　技术路线

本书的技术路线如图 1.3 所示。以我国体育产业的发展现状和产业相关理论研究为基础，对大量参考文献，从竞争战略、企业绩效、创新投入、环境不确定性等方面进行分析。在此基础上，提出竞争战略与企业绩效关系概念模型和理论假设；利用战略识别模型对体育产业上市公司竞争战略进行识别；通过问卷调查从企业内部探寻影响企业绩效的因素；在战略识别的基础上进行绩效差异分析，在此基础上进行竞争战略对企业绩效的影响机制的深入研究；对理论假设进行验证、讨论，得出相关研究结论。

本书是沿着"提出问题→文献分析→竞争战略识别→竞争战略影响因素→竞争战略类型的绩效差异分析→竞争战略对绩效的影响机制→结论与展望"的思路展开研究的。

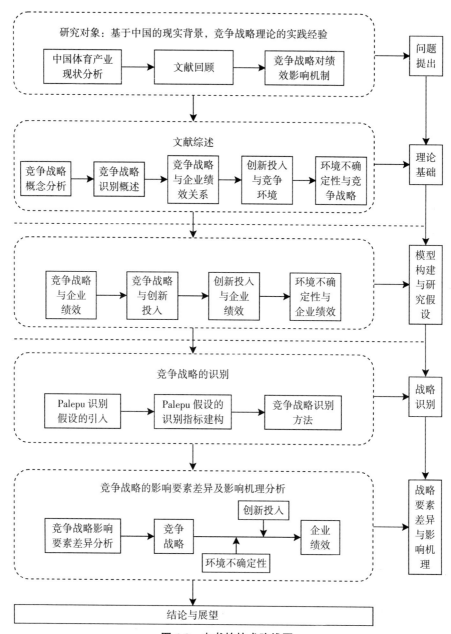

图 1.3　本书的技术路线图

1.7　研究创新点

本书在归纳、总结、继承国内外相关研究的基础上，以我国体育产业现状为研究背景，对体育产业上市公司竞争战略识别、影响因素以及影响机制进行了研究，本书可能的主要创新点包括以下几个方面：

（1）在已有研究文献的基础上，首次针对我国体育产业构建了竞争战略与企业绩效的影响因素及机制的研究框架，在竞争战略—企业绩效模型的基础上加入了中介变量和调变量，提出了一个更加符合企业竞争实践的整合模型。这样，在研究设计上更加科学合理，研究结论也更能反映体育产业上市公司竞争实际，有利于上市公司调整、优化战略，从而提高市场竞争力。

（2）第一次在体育产业领域运用基于财务视角的竞争战略识别体系，克服了以往竞争战略识别指标选取的随意性，使战略识别更具有说服力，并在此基础上分析了影响体育产业竞争战略的企业内部因素以及战略—绩效影响机制，拓展了竞争战略识别的产业运用范围，丰富了战略—绩效影响因素及机制的研究成果。

（3）对环境不确定性对竞争战略与企业绩效关系的研究，许多学者都采用环境竞争性或者环境动态性等单维度概念，以研究环境不确定性在竞争战略与企业绩效关系中的调节效应。而环境不确定性不能仅靠一个维度反映，不同维度对环境不确定性的刻画更加全面、准确，需要综合考虑对环境不确定性的刻画。因此，本书重点考察了体育产业环境动态性和竞争性在竞争战略与企业绩效关系中的调节效应，其目的在于在不断丰富环境不确定性下，进行体育产业上市公司竞争战略与企业绩效关系的相关研究。

2 公司战略及绩效的有关理论及其研究综述

2.1 战略及竞争战略的概念

"战略"，原为军事用语，其含义是"将军指挥军队的艺术"。战略在《辞海》中的定义为："军事名词，对战争全局的筹划和指挥。它是依据敌我双方的军事、政治、经济、地理等因素，照顾战争全局的各方面，规定军事力量的准备和运用。"

随着人类社会的不断发展，战略一词早已突破军事学的概念，被广泛应用到企业管理中。20 世纪 60 年代，钱德勒（Chandler）首次给企业战略做了定义："为了实现企业基本目标而采取的行动途径和资源分配模式。"这种定义将战略体现为一系列的行为。奎因（Quinn）认为，战略是将企业的主要目标、政策、活动按照一定的顺序组合成的一个整体。安索夫（I.Ansoff）根据多年教学、管理经验总结认为："企业战略是连接企业活动和产品市场的一条主线。包含了产品市场范围、产品市场进行变动的方向、竞争优势以及企业内部协作效果。"

著名管理学者明茨伯格（Mintzberg）认为，战略具有 5 个方面的内容：①战略是一种统一的、综合的计划，为了实现计划而进行的有意识的、有预计的行动；②战略是一种谋略，在某些特定的环境下，企业可以把它作为一种手段来威慑和战胜竞争对手；③战略是一种模式，是企业决策、行动，以及进行资源分配的一系列行为的集合；④战略是一种定位，明确企业在环境中所处的位置，让企业内部条件和外部环境更加协调发展；⑤战略是一种观念，强调的是企业管理者对客观世界的认识、改造方式。

上述对战略的定义由于视角的不同，所得结论也不相同，但无论从哪种视角看，战略对于企业而言是客观存在、不可替代的企业行为的核心内容。不论从哪种战略定义的表述中我们都可以发现战略主要表现在两个核心方面：一是基于特定环境的目标；二是实现目标的途径，如果两者具备就可以认为存在战略。

企业战略是一个体系，主要由三个层次构成，分别是总体战略（公司层战略）、竞争战略（业务层战略）、功能战略（职能层战略）。总体战略是企业管理层在综合分析的基础上所确定的统率和指导企业全局及长远发展的谋划、方略；竞争战略是为实现公司发展目标，对所从事的某一经营事业的发展作出的长远性谋划和方略；职能层战略是为了保证企业总体战略和经营单位战略的实现，运用各种专业的职能，使企业开展经营活动更加有效地适应内外环境的要求所制定的长远性谋划和方略。

20世纪80年代，波特（Porter）在《竞争战略》中把竞争战略定义为：采取进攻性或防守性行动，在产业中建立起有利的地位，成功地对付五种竞争作用力，从而为公司赢得超常的收益。波特的企业战略理论重点是通过企业所属产业的吸引力和企业在产业内所处的竞争地位综合分析，采取战略建立企业的竞争优势。

Dave Francis 在《竞争战略进阶》明确指出："竞争战略是能够帮助企业不断吸引消费者，实现持续盈利，从而在同行业竞争中取胜的优势组合集。"

国内也有许多学者从不同的视角对竞争战略定义进行了深入研究，

刘益、李垣等（1998）认为竞争是一个具有时间和空间的概念，其通常的含义是努力超越对方。

周三多（2002）在《战略管理思想史》中也强调：竞争战略主要表现在企业产品或者提供的服务参与市场竞争的方向、目标、方针及策略，竞争战略的选择是参与市场竞争的基础，也是竞争成功与否的关键。郑兵云等（2011）从市场需求角度认为，竞争战略是从业企业在某一特定产业或市场中为了获得或保持竞争优势而采取的整体性行动，并在公司战略指导下，围绕着"以更有效的方式为顾客提供最优越的价值"的目标而采取的一系列活动。

林芳强等（2017）从企业实践过程出发，强调竞争战略是最终通过竞争优势的功能发挥为企业获得超额收益。

表 2.1　不同竞争战略定义

研究者	代表观点
Chandler（1962）	为了实现企业基本目标而采取的行动途径和资源分配模式
Quinn（1965）	企业的主要目标、政策、活动按照一定的顺序组合成的一个整体
I.Ansoff（1965）	链接企业活动和产品市场的一条主线。包含了产品市场范围、产品市场进行变动的方向、竞争优势以及企业内部协作效果
Porter（1980）	采取进攻性或防守性行动，在产业中建立起有利的地位，成功地对付五种竞争作用力，从而为公司赢得超常的收益
Mintzberg（1983）	企业决策、行动，以及进行资源分配的一系列行为的集合
Dave Francis（1994）	能够帮助企业不断吸引消费者，实现持续盈利，从而在同行业竞争中取胜的优势组合集
刘益、李垣等（1998）	一个具有时间和空间的概念，其通常的含义是努力超越对方
周三多（2002）	竞争的方向、目标、方针及策略，竞争战略的选择是参与市场竞争的基础，也是竞争成功与否的关键
郑兵云等（2011）	以更有效的方式为顾客提供最优越的价值
林芳强等（2017）	最终通过竞争优势的功能发挥为企业获得超额收益

综合以上学者对企业战略的研究结果以及对体育产业企业竞争的理解，本书把体育产业企业竞争战略理解为：在公司总体战略的指导下，

体育产业企业在体育服务、制造、销售等产业或市场中为了获得或保持竞争优势而采取的整体性行动，其目的是以更有效的方式为消费者提供最优质的消费实物或者服务。

2.2　竞争战略的分类

竞争战略类型的分类是企业竞争战略研究的基础，同时也为实证研究提供了理论基础。在当前学界的研究中，很多学者都认为 Miles 和 Snow 的四大通用战略、波特（Porter）的基本竞争战略模型、Mintzberg 的差异化战略被认为是最具有代表性的。

2.2.1　波特竞争战略分类

20 世纪 80 年代，美国著名的管理学家 Michael Porter 从产业组织理论的视角以"市场结构—市场行为—市场绩效"分析范式对竞争优势和策略目标进行研究，提出了获得竞争优势的三种基本竞争战略：成本领先战略（Overall Cost Leadership，也称低成本战略）、差异化战略（Differentiation Strategy，也称别具一格战略）、专一化战略（Focus Strategy，也称目标集中战略）。

成本领先战略是指企业通过有效的途径降低经营过程中的成本，控制管理费用，使企业的总成本低于竞争对手，从而在竞争中获得竞争优势的战略。低成本战略的核心是建立起达到有效规模的生产设施，在经验基础上强化对成本的管控，最大限度地减少研究开发、服务、推销、广告等方面的成本费用。成本领先战略是相对于竞争对手而言的低价格，但这并不代表着只获取短期成本优势或是削减成本，而是一个"可控制成本领先"的概念。采用低成本战略的企业必须找出成本优势的持续性来源，才能够有效防止竞争对手模仿，从而让这种低成本优势持续。

差异化战略也称特色优势战略，是指企业为使自己的产品、服务或者企业形象等方面明显区别于竞争对手，从而在行业内独树一帜的一种战略。这种战略实施的关键点是创造出被行业和消费者都认可的独特产品及服务。实施差异化战略的方法有产品差异化、服务差异化和形象差异化等，通过差异化的产品或者服务，可以培养用户对品牌的忠诚度，从而获取高于同行业的平均水平利润。

专一化战略是指把低成本战略和差异化战略运用到一个特定目标市场上，主攻某个特定的地区或者消费者，以比过去快的增长速率来增加某种产品或者服务的销售额及市场占有率。低成本战略与差异化战略都是要面向全产业实现其目标，而专一化战略则是围绕着某一特定目标进行密集的生产经营活动，要求企业能够以比竞争对手更高的效率、更好的效果提供产品或服务，为某一狭窄的战略对象服务，从而超过在更广阔范围内的竞争对手。企业一旦选择了确定的目标市场，就可以通过实施产品差异化战略或成本领先战略的方法来形成有效的竞争战略。

关于波特竞争战略的分类比较，如表 2.2 所示。

表 2.2　波特竞争战略的分类比较

战略类型	主要内容	主要实用条件
成本领先战略	建立起达到有效规模的生产设施，在经验基础上强化对成本的管控，最大限度地减少研究开发、服务、推销、广告等方面的成本费用，使企业的总成本低于竞争对手，从而在竞争中获得竞争优势	①消费者对价格敏感 ②实现规模经济 ③产品或服务同质化
差异化战略	产品、服务或者企业形象等方面明显区别于竞争对手，从而在行业内独树一帜，关键点是创造出被行业和消费者都认可的独特产品和服务	①顾客对产品或服务需求有差异，这种差异价值被消费者所认可 ②竞争对手对产品或服务的模仿存在一定难度
专一化战略	把低成本战略和差异化战略运用到一个特定目标市场上，主攻某个特定的地区或者消费者，以比过去快的增长速率来增加某种产品或者服务的销售额和市场占有率	①存在特定目标市场或者特定的地区消费者 ②以比竞争对手更高的效率、更好的效果提供产品或服务

2.2.2 国外其他学者的战略分类

在竞争战略的分类中，除了 Porter 提出的基本竞争战略分类模型外，还有 Miles 和 Snow（1978）的四大通用战略以及 Mingtzberg（1978）的差异化战略等战略分类被认为是最具有代表性的。

Miles 和 Snow 把战略分成了防御者战略、探索者战略、分析者战略、被动反应者战略四种。强调企业要选择与自己所处市场、技术、结构等环境相吻合的战略。防御者战略所定位的环境是一个相对确定和稳定的产品或服务市场，通过比竞争对手更高效的生产、更优异的服务、更严密的运营来保护和维持其市场竞争地位；探索者战略比较关注市场环境的不确定性，从业企业非常重视市场新出现的机会并对机会信号作出迅速反应，通过其研发能力和市场能力来取得竞争优势；分析者战略非常重视市场的稳定性和弹性，通过提供有限的高质量产品或服务来获得市场，同时密切关注竞争对手的战略，运用降低成本的方式获得竞争优势；被动反应者战略是一种被动选择，在企业外部环境不可控的前提下，企业没有明确的市场定位，缺乏控制力和适应力，没有系统规划，是根据外部环境压力所作出的反应。

Mingtzberg（1988）在 Porter 的竞争战略基础上，拓展和深化了原有的战略分类，他认为价格也是差异化的一部分，低成本竞争战略是差异化战略的一种特殊的表达形式，即价格差异化。而将 Porter 原有的差异化竞争战略从创新投入与产品开发、广告、可靠性与性能、系列产品和模仿的作用等方面进一步细化分成市场形象差异化、产品设计差异化、质量差异化、支撑差异化和无差异化五种情况。

Pertusa-Ortega 等（2009，2010）在 Porter 的战略分类基础上，从低成本、创新差异化、市场差异化三个不同的维度，并对每一个维度又细分为高、中、低三种类型，提出了纯创新差异化、纯市场差异化、纯成本领先、混合战略和"夹在中间"五大种类十二种小类竞争战略。

2.2.3 国内学者对竞争战略分类的研究

和国外学者相比，国内学者对竞争战略分类的研究主要集中在已有战略分类的基础上进行相关运用研究，而对竞争战略分类的理论扩充与发展的研究相对较少。其中，比较具有代表性的主要有孙明波（2004）在波特三种基本竞争战略模型的基础上，以博弈论作为分析方法，通过证明企业在追求总差异化的过程中"可模仿陷阱"必然存在，试图建立新的基本竞争战略模型。

陈圻和任娟（2011）应用科学研究纲领方法论（MSRP），在 6 个公理性假设和 5 个辅助假设的基础上提出了三大基本假设：界定低成本战略、创新型低成本战略的战略模式及相关特征，阐述战略升级演化路径的形成方式，构建了低成本战略研究的讨论框架和研究空间。

陈圻（2018）从竞争战略的博弈建模研究的视角，首次关注了Palepu 战略识别假设和战略数理解析的研究，分析了制约其发展的关键问题，提出了通用竞争战略跨战略管理、财务管理和博弈论三个领域的研究方向，为后续竞争战略研究提供了新的方向和思路。

2.2.4 竞争战略分类总结

目前学界有学者认为波特的竞争战略分类相对简单，难以刻画市场竞争的复杂性和多样性。但更多的学者认为，波特的竞争战略在企业的运营中确实存在，它的战略分类是目前最有效的，是能用简单的框架刻画复杂的企业经营过程的工具，是经典的理论框架（Kim & Lim，1988；Miller & Dess，1993；Spanos et al.，2004；Acquaah et al.，2008），是行业研究领域的典范之一，有些学者对 Porter 竞争战略的批评是由于对其竞争战略存在误解。

2.3　竞争战略识别的文献综述

竞争战略的识别主要通过企业所提供的相关信息来辨识企业所使用的竞争战略类型。在具体的实证研究中，学者们主要通过以下流程探索企业竞争战略的类型。

2.3.1　建立识别指标体系

识别指标集的建立主要有两种方式：一是通过问卷调查，以问卷的形式测度竞争战略类型；二是利用现有统计数据从客观的角度衡量战略类型。

2.3.1.1　问卷调查

Dess 和 Davis（1984）设计了竞争战略调查量表，然后对 19 位企业管理者和 7 位战略管理专家进行了调查访谈，分析总结出了企业竞争战略的 21 种驱动因素，通过因子分析和聚类分析实证了企业确实存在竞争战略。随后的竞争战略识别研究大部分是以 Dess 和 Davis（1984）设定的 21 个竞争驱动因素为基准建立评价体系的；Kim 和 Lim（1988）对韩国 54 家电子公司进行调查，识别出了低成本战略、产品差异化战略、市场差异化战略和"夹在中间"等战略类型；Wright（1991）、Kim（2004）、Spanos 和 Zaralis（2004）、Acuqaah 和 Ardekani（2008）等学者也从不同的产业类型实证了不同竞争战略类型的存在。

然而目前学界几乎不使用问卷调查法进行战略识别，主要原因有两个：一是问卷设计和调查会受到设计者和被调查者专业、认知水平等很多主观因素的影响，可能存在认知偏差；二是问卷调查结果可能反映的是企业计划实施战略，而企业实际战略在运营过程中会不断地调整，会循序渐进地形成，这样可能会造成战略识别偏差。

2.3.1.2 客观数据

利用已有数据库的方法收集企业竞争战略的相关数据建立指标体系，常用的数据库如 PIMS（Profit Impact of Market Strategies）数据库、上市公司财务信息数据库等。Hambrick（1983）以 164 家美国工业化产品公司在 PIMS 数据库中的企业经营数据为研究对象，利用聚类分析来识别战略类型。White（1986）利用 PIMS 数据库中的 69 家企业相关数据进行因子分析和聚类分析，得出战略类型。Miller 和 Friesen（1986）、David（1988）也曾采用这种方式进行战略刻画。国内也有许多学者运用数据库的产业企业数据进行研究。刘睿智和胥朝阳（2008）以中国经济研究服务中心（CCER）金融行业上市公司运营数据为基础，对竞争战略进行了研究，郑斌云（2008）、任娟（2013）、雷辉（2014）等利用国泰安数据库或者行业企业自身财务报告来获得竞争战略分类的基础数据。

虽然运用数据库或者企业财务报告获取竞争战略识别指标具有一定的客观性，但在战略指标的选取上仍然存在一定的主观性和选择偏好，识别难以得到一般性结论。

2.3.2 识别方法

对于竞争战略的识别方法，目前学界主要有聚类分析和因子分析、随机前沿分析（SFA）和数据包络分析（DEA）、博弈论、DuPont 财务体系识别四大类。

2.3.2.1 聚类分析和因子分析的识别方法

此类识别方法主要有一步法和两步法。一步法主要利用因子分析来获得企业在竞争战略维度上的得分，根据因子得分识别企业的竞争战略类型，Acquaah 和 Yasai-Ardekani（2008）用此类方法识别了加纳 200 家企业的竞争战略类型。两步法是：第一步，选择企业竞争变量，运用因子分析来获得竞争战略的维度；第二步，在因子分析得分的基础上进行聚类分析，根据因子的显著性差异情况就可以识别企业竞争战略的类型。（Dess & Davis，1984；Carter et al.，1994；Kim & Lim，1988；Mc Dougall & Robinson，1990；Kim et al.，2004）。

2.3.2.2　前沿分析方法

前沿分析方法主要是通过比较企业投入和产出与业内最佳产出之间的差额来衡量企业的效率，从而进行战略分类识别（Durand & Vargas，2003；Delmas & Tokat，2005；Lieberman & Dhawan，2005；Knott & Posen，2005），主要的方法有随机前沿分析（SFA）和数据包络分析（DEA）。

随机前沿分析（SFA）主要是利用投入产出的相关指标构建生产函数进行参数估计，其得到的结果受特殊变量的影响较小，可靠性更高（李双杰等，2009）。

数据包络分析（Data Envelopment Analysis，DEA）模型是美国著名学者 A. Charnes 和 W.W. Cooper 等于 1978 年提出的一种统计分析方法。DEA 被广泛运用于判别同类型决策单元间的相对有效程度，是评价多个投入变量和产出变量组合有效性的统计方法。其中，较为常见的是 CCR 和 BCC 模型。其原理是利用数学规划把决策单元（DMU）投影到 DEA 前沿面上，然后通过对比各决策单元与 DEA 前沿面的偏移程度来衡量其是否相对有效。此方法很适合战略类型的识别，比一般聚类方法要客观（谢有才，2006）。但随机前沿分析（SFA）和数据包络分析（DEA）都会面临如何选择生产函数、如何区分决策单元有效性等问题。

2.3.2.3　博弈论

竞争战略的选择实质是一种产业企业的决策博弈，所以，近年有学者采用博弈论的视角研究竞争战略。孙明波（2004）在波特竞争战略的基础上，以博弈论作为分析方法，建立了新的基本竞争战略模型。任娟（2015）在竞争状态下的决策单元效率性的视角下，引入 Nash 均衡思想，构建了博弈效率 DEA 模型，提出了两阶段博弈交叉效率 DEA 模型及其算法，并应用于竞争战略识别的实证研究。陈圻和陈佳（2015）利用数理建模的方法，建立了基于不对称效用函数并含有 DuPont 财务体系参数的 Nash 均衡模型，将财务分析结合博弈建模应用于战略识别。

总的来说，从博弈论的视角进行战略识别能更好地反映 Porter 竞争战略的内涵，但就目前学界而言，从该视角进行研究的成果还不是特别丰富，还有待进一步研究。

2.3.2.4　DuPont 财务体系识别

运用 DuPont 财务体系识别对战略进行识别是近年来战略识别领域的一个新方法，DuPont 财务体系本是一种财务分析方法，Nissim 和 Penman（2001）在原 DuPont 模型基础上剔除财务杠杆以及其他不受管理者控制的生产经营要素，改进了 DuPont 分析体系，得到了 Soliman（2004）、Pratt 和 Hirst（2008）等学者的认可和推广，特别是美国学者 Palepu 和 Healy（2008）首次把基于企业财务报表分析的、改进的 DuPont 模型用于识别竞争战略。Little 等（2009）以 2008 年 146 家美国零售类企业年度财务数据为基础，运用改进的 DuPont 模型提出了战略识别分类假定——资产周转率相对较低且营业利润率相对较高的企业实施差异化竞争战略，资产周转率相对较高且营业利润率相对较低的企业实施低成本竞争战略。此后，不断有国外学者对运用 DuPont 财务体系进行研究和运用，为后续研究提供了非常有意义的参考，比如 Ying-Chan Tang 等（2010）、Nicola（2011）从不同的行业实证了 DuPont 财务体系识别运用的合理性。

在国内，任娟和陈圻（2015）以 126 家中国制造业上市公司 2009~2011 年财务数据为样本，运用 DuPont 模型体系中总资产周转率和营业利润率的财务指标组合，识别了低成本战略、差异化战略、低成本差异化战略并考察了不同战略的创新效率差异。林芳强（2017）运用改进的

Palepu 战略识别财务指标体系，以 2007~2015 年我国华东地区汽车制造上市公司样本进行战略识别和分类，识别检验结果支持了识别的多数公司的战略，验证了战略识别方法和结论的有效性。陈圻（2018）在最新的研究成果中反思了通用竞争战略研究历程，认为利用 Palepu 识别标准或者公司识别分组数据，对竞争战略进行全面多样的实证检验和实证研究是未来竞争战略研究的方向之一。

总的来说，从对近年国内外学者对 Palepu 识别的检验、实证应用来看。财务分析视角与基本竞争战略理论上存在着一种天然的融合性，能很好地反映竞争战略属性，其后的研究应该在不同的产业环境下进一步检验财务识别指标体系，使战略研究更加丰富。

2.4　企业绩效的测度

绩效是竞争战略的核心，是竞争战略的出发点和归宿点，也是管理者追逐的目标。绩效评价指标是企业绩效评价体系中的核心，是绩效评价内容的高度概括。在评价绩效的过程中，需要对被评价对象或者目标的每个方面进行评估，而高度概括这些方面或要素特征的概念就是评价指标。只有建立了评价指标，才能对企业绩效进行度量。

如何合理、准确地度量企业绩效这一核心问题，目前学界还尚无定论，但学界一般认为，企业绩效是指一定经营期间企业经营管理效益和企业经营管理者经营管理业绩的概括与汇总。

Bernardin（1988）认为，企业绩效是对企业实施生产经营活动所取得的全部成效的概称，并对企业绩效进行了分类和定义，狭义的企业绩效是指用企业的财务指标（如投资收益率、市场占有率等）来衡量企业生产经营活动的集合，广义的企业绩效是指在财务指标的基础上增加非财务性指标（如产品质量、消费者满意度等）来衡量企业生产经营活动的集合。Yamin、Gunasekaran 和 Mavond（1999）认为，企业绩效就是企业实现市场和财务目标的水平。

对于企业绩效的衡量，目前学界主要是从两大类来展开的：

（1）第一类是客观数据指标，这类指标可以从专业数据库或者企业财务报告等相关材料中获得，由于遵循同样的会计准则，获取信息方便，具有较强可比性。运用财务指标在对企业绩效的衡量中具有作为基础的地位。

因此，目前学界有大量的研究者采用财务指标衡量企业的绩效，主要有以下几类：

一是托宾 Q 值来衡量企业绩效，托宾 Q 值是指公司资本的市场价值与它的资产重置成本的比率。它可以衡量上市公司的股市价值，同时也能衡量公司的无形资产，托宾 Q 值越高，公司股市价值越高，体现了市场对公司的绩效的认可，反之，说明公司运营绩效相对较低。若托宾 Q 值大于 1，表示企业市场价值高于企业的重置成本，企业发行较少的股票而买到较多的投资品。反之，企业市场价值会低于企业的重置成本。该方法能反映对公司绩效的动态性，但托宾 Q 值需要在股票市场是有效市场且不存在股权分置的情况下才能运用，目前我国证券市场还在不断地发展和完善中，所以在一定程度上限制了该方法的运用。

二是 EVA（经济附加值），是指公司每年税后净营业利润与全部资本成本之间的差额，又称经济利润、经济增加值。其中资本成本包括债务资本的成本，也包括股本资本的成本。EVA 评价法的优点是对会计利润进行了改进。体现了经济利润，能反映企业的价值创造、能协调管理者与股东的利益、激励管理者有效行为，因此能更好地反映公司的经营绩效。但由于目前我国市场经济环境下，体育产业市场还在不断完善和发展，这使依据有效市场条件来设定的模型会出现一定的失真，需要对失真信息进行调整，所以计算相对有一定难度。

三是 Zahra 和 Bogner（2000）使用平均利润率、销售增长率和市场占有率衡量企业绩效。平均利润率反映了社会的利润在各部门的企业之间重新分配的过程，销售增长率反映了企业成长状况和发展能力，市场占有率是利润的重要源泉，三个指标能较好地反映企业绩效。

但更多的研究者都采用资产收益率（ROA）衡量企业绩效。如国外研究者 Parker 和 Helms，Hambrick，Wright，Helms、Haynes 和 Cappel，Yasai-Ardekani，Palepu，Little 等，国内研究者刘海建、任娟和陈圻等。还有些研究者运用其他财务指标来衡量，如用净资产收益率（ROE）衡量企业绩效（陈文浩和周雅君，2007；Nicola et al.，2011）、边际贡献（Spanos et al.，2004）。

（2）第二类是主观数据指标，这一类度量方法主要采用调查问卷、平衡记分卡等通过对企业经管管理者调查访谈获得数据。如 Pertusa-Ortega等，分别从投资回报率、销售增长率、现金流、员工人数增长率、市场占有增长率和税前利润六方面运用问卷调查进行等级评分的方式获取企业绩效数据，构建绩效评价体系。Kaplan 和 Norton 从企业的学习与成长、业务流程、顾客、财务四个方面通过图、卡、表衡量企业绩效。此外，还有 Lee 和 Miller（1996）、Bowman 和 Ambrosini（1997）、Kim 等（2004）、郑兵云（2011）、Claver-Cortes（2012）都运用了上述研究方式对企业绩效进行了测度。

整体而言，绩效的度量方式和方法各有优缺点，但从企业竞争战略的角度出发，如果能获取客观数据构建绩效测量体系应该优先选择，如果不能获取客观数据，那么也可以运用量表构建绩效评价体系。

2.5 竞争战略与企业绩效的关系

在波特提出基本竞争战略理论后，国内外相当多的研究者以该理论为基础，围绕竞争战略与绩效的关系，从不同环境、不同行业以及不同竞争战略类型等视角开展研究，归纳起来可以分为四大类。

2.5.1 竞争战略与企业绩效的直接关系

主要围绕竞争战略能否促进企业绩效，以及不同的竞争战略类型与绩效关系的比较研究等方面展开，其研究模型如图 2.1 所示。

图 2.1　模型（一）

国外学者对竞争战略与企业绩效的直接关系研究较早，成果相对丰富。Hambrick（1983）以 PIMS 数据库工业企业的运营数据为基础，运用聚类分析对竞争战略进行分类，研究发现，企业中存在波特的竞争战略类型，而且不同的竞争战略类型企业的资产收益率（ROA）具有明显差异。Dess 和 Davis（1984）设计了一种含有 21 种驱动因素的竞争战略量表，然后对 7 位战略研究学者和 19 位企业管理者进行问卷调查，发现存在波特的竞争战略类型分类，并且以资产收益率（ROA）和销售增长率（ASG）作为度量企业绩效指标，发现企业绩效在几种战略之间存在明显差异。当用资产收益率（ROA）衡量企业绩效时，成本领先战略的企业绩效最好，差异化战略次之，集中化战略最差；当用销售增长率（ASG）衡量企业绩效时，集中化战略企业绩效最好，成本领先战略次之，最后是差异化战略。Miller 和 Friesen（1986）对 PIMS 数据库中消费品企业的业务单元数据进行了实证研究，结果发现，采用低成本战略、差异化战略以及成本差异化战略的绩效指标均优于无明显战略定位的企业。Parker 和 Helms（1992）以英美两国纺织企业数据为研究对象，发现混合战略的企业绩效也与基本竞争战略的绩效一样，都比没有明显战略定位的企业绩效高，并且低成本战略的财务绩效表现要显著高于差异化战略和集中化战略。Kamalesh、Ram 和 Charles（1997）以医疗系统为研究对象进行分析，研究发现，实施集中成本领先战略的医院绩效最好，实施集中差异化战略次之，同时追求低成本与差异化的医院绩效表现最差。Alamdari 和 Fagan（2005）以美国和欧洲的航空公司为研究对象，其结果表明，低成本战略企业绩效之间具有潜在关联。尽管追求低成本战略和差异化战略的混合战略的确能带来绩效增长，但持续坚持低成本战略可以确保企业绩效收益最大化。Acquaah，M.，Yasai-Ardekani，M.（2008）通过对加纳 200 家企业进行问卷调查，发现企业实施混合战略所获得的企业绩效比采用单一战略获得的企业绩效更好。

国内也有学者对竞争战略与绩效的直接关系进行了研究，王铁男（2000）对沃尔·马特和邯钢保持竞争优势的特点进行了对比分析，发现不同国家、不同类别的企业都可以实施低成本战略来获得竞争优势。曾凡琴和霍国庆（2006）通过案例分析研究了"夹在中间"的内涵，并提出了相应的管理策略。刘睿智和胥朝阳（2008）采用中国上市公司 2000~2006 年的财务数据实证研究竞争战略对绩效的影响，发现不论是低成本战略还是差异化战略，都能给企业带来短期竞争优势，但差异化战略建立的竞争优势比低成本战略更持久。郑兵云、陈圻和李遂（2011）以中国制造业上市公司财务数据为研究对象，实证分析了中国制造业上市公司低成本战略和差异化战略均能带来短期绩效的增长，但低成本战略不论短期绩效还是长期绩效都要优于差异化竞争战略。

2.5.2 竞争战略对企业绩效的调节效应

在竞争战略与企业绩效的研究中，有学者认为，竞争战略应该是在与战略环境匹配的基础上进而影响企业绩效的，他们认为从业企业处在一个集内外部的动态环境的综映射之中，在加入环境变量和组织特征后，竞争战略对企业绩效的作用和影响路径是不同的（Lee & Miller，1996；Lindawati et al.，2006；Wu et al.，2007）。

研究模型如图 2.2 所示：

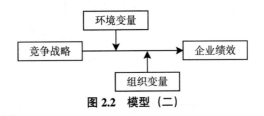

图 2.2 模型（二）

Miller 和 Friesen（1983）率先研究了战略制定与环境的关系，发现环境动态性越强越需要企业在分析和创新方面加大投入，创新能够在复杂性较高的环境获利。Prescott（1988）在战略—绩效关系中加入环境特征，然后进行调节回归分析和分组回归分析，发现环境特征对企业战略与绩效间的关系强度有调节效应，但不影响战略与绩效的匹配形式。Lee，J. 和 Miller，D.（1996）以韩国企业为样本，研究发现，战略权变关系在高新技术企业中普遍存在，创新差异化战略和市场差异化战略在不确定性环境中能带来更好的企业绩效，而在稳定环境中低成本战略企业绩效表现更好。Lukas、Tan 和 Hult（2001）以中国电子企业为研究对象，实证分析发现，确实存在环境战略匹配模式，但匹配结果对绩效的影响呈现复杂的关系。

Lindawati Gani 和 Johnny Jermias（2009）以 S & P500 数据库中 129 家公司 1997~2001 年的数据进行分析，研究发现：在动态环境中，实施差

异化战略比低成本战略更能带来好的绩效表现；在稳定环境中，低成本战略绩效表现要好于差异化战略。

国内学者王永贵、邢金刚和李元（2004）运用中国企业的调研数据，利用结构方程模型检验了不同类型的环境动荡性在战略柔性与企业竞争绩效之间的调节效应。李雪松、司有和、龙勇（2008）以重庆4家生物企业为对象，探讨企业环境、知识管理战略和企业绩效之间的关系，研究认为，环境复杂性、动态性和威胁性的变化与环境对企业绩效所产生的影响程度不同。郑兵云、李邃（2011）对中国316家企业数据进行了分析，实证研究环境不确定性对竞争战略与绩效中的调节效应。其结果表明，低成本竞争战略和差异化竞争战略都能提升企业绩效，环境不确定性对上述因果关系有着显著影响，且不同的环境维度其调节效应存在差异。陈收、潘志强（2014）以我国制造业上市公司为研究对象，对竞争战略与企业绩效关系及环境的不确定性在竞争战略与企业绩效关系中的调节效应进行了分析。实证结果表明，低成本竞争战略对企业绩效一直具有促进作用；环境不确定性在竞争战略与企业绩效关系中具有显著的调节作用：在环境动态性、竞争性的增强情况下，低成本竞争战略对企业绩效的影响变弱；差异化竞争战略对企业绩效的影响会增强。

2.5.3 竞争战略在中间变量的作用下对企业绩效的中介效应

调节变量的引入，使竞争战略与企业绩效关系的研究更进一步，调节变量回答了不同情境下竞争战略对企业绩效的影响，但企业管理者更加关心的是竞争战略如何影响企业绩效，以前的研究者更多关心的是竞争战略对绩效的直接影响，随着研究的不断深入，是否会存在竞争战略通过中间变量的作用从而间接影响企业绩效呢？也有学者对此进行了研究，其研究模型如图2.3所示。

图 2.3 模型 (三)

Amoako-Gyampah 和 Acquaah (2007) 对加纳制造业企业进行了分析，研究发现，竞争战略并不会直接影响一个企业的绩效，但竞争战略与质量制造战略具有正相关性，而质量制造战略又对企业的绩效有正向影响。因此，质量制造战略在竞争战略中对企业绩效具有中介效应。

李忆、司有和 (2008) 利用问卷调查的方式对 397 家中国企业获得数据，探讨企业创新行为、竞争战略、环境及绩效之间的关系，发现创新行为和企业战略以及环境特征的匹配结果对绩效有显著影响。

郑兵云等 (2011) 在对 239 家企业进行调查的基础上，以创新作为中介变量，构建了差异化战略、创新选择与企业绩效关系的概念模型，实证发现，差异化竞争战略对企业绩效有显著的正向作用，同时，创新对企业绩效有间接影响，创新在差异化战略与企业绩效的关系中具有中介效应。

雷辉、杨丹 (2013) 对 2006~2011 年我国制造业上市公司创新投入在竞争战略对企业影响中的作用进行了分析，结果表明，差异化竞争战略对企业的创新投入具有正向影响，创新投入对企业绩效具有正向影响，因此创新投入在差异化竞争战略与企业绩效关系中具有一定的中介效应。

在竞争战略与绩效的关系中加入中介变量，能更好地刻画竞争战略到底如何影响绩效增长，能更加深入地量化竞争战略对企业绩效的直接与间接的影响程度。

2.5.4 以竞争战略作为中间变量来传导组织结构对企业绩效的中介作用

目前，学界对以竞争战略作为中间变量来探寻企业绩效影响机制的相关研究还不多，对于已有的研究，主要有 Pertusa-Ortega 等 (2009) 以问卷调查的方法构建了 23 个组织变量实证检验了竞争战略在组织结构与企业绩效关系的中介效应。Claver-Cortes 等（2012）也实证分析了组织结构对竞争战略有显著影响，竞争战略对企业绩效也有显著影响，表明竞争战略在组织结构与绩效关系中具有中介作用。

综上，对于竞争战略与绩效关系的研究，由于研究者视角的不同，数据的获取也有一定差异性，在不同的产业分析不同的竞争战略，所得到的研究结论也不相同。但整体来讲，目前的研究回答了四个问题：一是竞争战略对绩效是否有促进作用；二是不同的竞争战略对绩效的影响程度；三是验证不同环境下竞争战略与企业绩效之间的关系；四是不同因素在竞争战略与企业绩效关系中的中介作用。

作为体育产业而言，从业企业采用竞争战略是否对企业绩效有影响？不同的竞争战略对体育产业企业有怎样的影响？不同环境下竞争战略对企业绩效的影响又会有什么样的变化，以及什么因素在竞争战略对绩效的影响中具有中间作用？等等，这一系列的问题都需要实证研究，系统分析体育产业的领域内竞争战略与企业绩效到底会有怎样的影响机制，以为体育产业发展提供参考，为竞争战略—绩效研究提供行业研究。

2.6　竞争战略与创新相关研究

企业制定并采用不同的竞争战略会对企业绩效带来直接或者间接的正向影响，许多研究表明，竞争战略并非一成不变，而是与环境不断适应匹配的过程。所以，企业要保持或者提高绩效水平，创新是一种有效的方式。波特也认为，创新可以降低相关成本，成为成本领先战略的驱动因素，会使得成本领先者易主。实施差异化战略的目标是塑造产品独特性，从而以独特的功能或者价值占领市场，创新是实施差异化竞争战略的必要条件。因此，不论企业实施什么战略，创新都是保持其竞争力的有效手段。

目前，国外学者对竞争战略与创新的研究相对比较丰富，其研究结论也比较一致，主要代表有 Miles（1986）在波特基本竞争战略的基础上，把技术创新、管理创新、产品创新等与创新相关的行为归类为创新战略并作为新的基本竞争战略，实证研究了创新战略与其他两种基本战略具有显著正相关关系。Segev（1989）研究了 Porter 竞争战略、Miles 和 Snow 的竞争战略与创新行为的关系，实证结果发现，低成本竞争战略和差异化竞争战略对企业创新行为具有正向影响，Reklitis（2001）通过对希腊100 家制造业企业的实证研究证明，低成本战略和差异化战略都与创新行为具有正相关关系。Nikolaos Konstantopoulos 等（2007）在波特竞争基本战略框架的基础上，把创新划分为产品创新、技术创新和组织创新，构建了竞争战略与创新行为、组织结构三者关系的概念框架，讨论了竞争战略与创新的关系。Rodgers（2007）以餐饮服务业为对象，研究了技术创新在差异化竞争战略和低成本竞争战略中的作用，识别出了与低成本竞争战略和差异化竞争战略相关的创新行为。

国内学者对竞争战略与创新的研究主要分为两类：

第一类是关于低成本创新和差异化创新的理论研究，于立宏（2007）从客户价值与成本两个维度对价值创新战略进行了分析，提出了基于纵向差异化的价值创新战略。陈圻（2011）在波特基本竞争战略的基础上，构建了新的产业环境中战略理论的逻辑概念基础，修正了低成本竞争战略和差异化竞争战略相容的经典条件，界定了低成本差异化战略，提出若干假设及推论。陈圻、任娟（2011）应用科学研究纲领方法论，界定了低成本战略、创新型低成本战略及其若干特征，以及战略升级演化的路径生成方式，构建了低成本战略研究的科学假设演绎体系。韦铁、鲁若愚（2013）通过构建消费者偏好非均匀分布 Hotelling 改进模型，分析了服务创新战略对企业采用差异化竞争的影响，研究结果表明，企业实施差异化竞争战略可以通过服务创新来实现。

第二类是竞争战略与创新的实证研究，这也是目前研究成果最丰富的领域。郑兵云、李遂（2011）通过问卷调查对316家企业竞争战略与创新进行了实证研究，结果表明，低成本竞争战略对企业绩效存在直接效应和以渐进创新为中介的间接效应；而差异化战略并不能直接提升企业绩效，只能通过突破创新对企业绩效产生正向影响。杨丹、雷辉（2014）对我国制造业上市公司创新投入在竞争战略对企业影响中的作用进行了实证研究，研究结果表明，差异化战略对企业的创新投入有正向影响，且创新投入对企业绩效有正向影响，创新投入在差异化战略对企业绩效的影响中有一定的中介效应。鲍新中等（2014）结合了企业竞争战略因素，研究竞争战略与创新研发投入的关系，研究结果表明，差异化竞争战略与企业创新研发投入具有正相关关系，成本领先战略与创新研发投入的关系不显著；竞争战略与创新研发投入的相互作用对企业绩效产生了显著影响。蔡瑞林等（2014）研究了竞争战略与创新速度之间的关系，其研究结果表明，创新模式对竞争战略存在反向能动影响，竞争战略对创新速度具有正向影响，单一的创新模式对创新速度没有显著影响。任娟、陈圻等（2015）以中国制造业上市公司为例，考察了低成本竞争战略和差异化竞争战略、低成本差异化竞争战略在创新效率上的差异。实证结果表明，三种竞争战略在创新效率两两之间不存在显著差异；实施低成本战略的一部分企业具有较高的创新效率。张文忠、王丹（2017）以我国信息技术行业为例，研究了不同竞争战略下技术创新与企业绩效关系的时滞性。研究发现，与低成本竞争战略相比，实施差异化竞争战略的企业技术创新来提高企业绩效的滞后期更长。在实施差异化竞争战略下，企业实施技术创新对企业绩效的提升存在一定的持续性。

总的来说，目前学界对竞争战略与创新的相关研究，不论是理论研究方面还是实证研究方面，都建立了相对完整的体系，只是在不同的行业考察竞争战略与企业创新关系的文献还不太丰富，有进一步研究的空间。

2.7 文献综述研究简评

本章首先概述了竞争战略的定义和分类，在此基础上详细阐述竞争战略类型的识别方法；最后从企业绩效的测度以及竞争战略与企业绩效的关系等方面分析了现有研究文献。总体而言，目前波特的基本竞争战略理论得到了进一步的丰富和发展，积累了丰富的研究成果，很多文献无论从理论上还是方法上都对本书研究具有重要的参考意义和借鉴价值，但从体育产业的视角出发，现有文献还有一些不足。主要表现在：

（1）关于竞争战略对企业绩效的影响的实证研究，主要集中在制造业、信息产业等行业中，体育产业作为新兴产业、绿色产业，这方面的研究相对较少，是否不同的行业都有着波特基本竞争战略的分类？不同的行业竞争战略对企业绩效的影响是否一致？通过对体育产业的竞争战略与绩效关系的研究，可以丰富竞争战略研究内容。

（2）目前研究文献主要集中在竞争战略对企业绩效的直接影响，较少考虑环境不确定等调节因素和企业创新等中介因素的影响。对于一个从业企业而言，他们不仅需要知道哪种竞争战略适合企业发展，更需要知道竞争战略对企业绩效影响的机制是什么，这样才能更好地制定企业的竞争战略。

针对上述研究的不足，本书拟以中国体育产业上市公司为研究对象，首先运用基于财务视角的战略识别模型对我国体育产业上市公司进行战略识别，然后运用问卷调查归纳总结出影响竞争战略制定的影响因素，最后实证研究竞争战略对企业绩效的影响机制，以期对现有竞争战略研究进行适当拓展及提供行业案例，为我国体育产业企业制定合理的竞争战略提供更为科学的决策参考。

3 体育产业上市公司竞争战略识别

3.1 数据来源与处理

选择体育产业上市公司的依据如下：

本书以上海证券交易所、深圳证券交易所的体育类概念股为样本框，选择标准如下：①选择的体育类上市公司符合国家体育产业统计分类的相关规定；②上市公司经营范围包含体育产品以及服务；③公司年报发布全面无遗漏，无重大财务纰漏；④上市公司没有被 ST、SST、S*ST 及 PT；⑤体育概念整体覆盖全面并具有一定代表性。在此基础上最终选择了中体产业、西藏旅游、信隆健康、探路者、青岛双星、北巴传媒、莱茵体育、贵人鸟、双象股份、华录百纳、雷曼股份、浙报传媒、江苏舜天、新华都、粤传媒、上港集团、嘉麟杰、亚泰集团、国旅联合、互动娱乐 20 家上市公司（见表 3.1）。本书所选研究对象的财务数据为：2010~2015 年季度数据，所有上市公司数据均来自锐思金融数据库和国泰安数据库。

表 3.1 公司样本

证券代码	公司名称	体育概念	交易市场
600158	中体产业	①国家体育总局唯一控股的上市公司 ②公司经营范围是：体育产品的生产、加工、销售；体育商品的国内贸易与进出口贸易；运动休闲产品的开发；体育商业比赛的承办等	上海证交所
002105	信隆健康	①建立运动、健康、休闲的"大健康"产业链集群 ②建设少儿健身"瑞姆乐园"	深圳证交所
300005	探路者	①户外用品制造 ②设立体育产业基金 ③建立"户外用品+户外旅行+体育运动"生态战略	深圳证交所
603555	贵人鸟	①运动鞋服制造 ②与虎扑体育，大、中体协设立赛事互联网视频公司	上海证交所
000558	莱茵体育	①主营业务包括：体育活动的组织、策划；体育场馆设计运营管理；体育用品的研发与销售等 ②设立浙江体育产业基金	深圳证交所
300162	雷曼股份	①赛场 LED 显示屏设备赞助及服务 ②开创了"LED+足球营销"商务模式，开发"第 12 人 APP" ③设立"雷曼凯兴体育文化基金"	深圳证交所
600749	西藏旅游	经营范围包括：徒步、特种旅游、探险活动的组织	上海证交所
000599	青岛双星	①生产球鞋等体育用品 ②拥有青岛双星篮球俱乐部	深圳证交所
600386	北巴传媒	投资体育之窗在新三板上市	上海证交所
002395	双象股份	与无锡市产业引导股权投资基金设立体育产业投资基金	深圳证交所
300291	华录百纳	①成立北京华录蓝火体育产业发展有限公司 ②获 15 年的欧洲篮球冠军联赛中国区独家运营权	深圳证交所
600633	浙报传媒	承办全国电子竞技大赛（NEST），成为目前中国官方认可的唯一全国综合性电子竞技体育赛事	上海证交所
600287	江苏舜天	投资中超江苏舜天足球俱乐部	上海证交所
002264	新华都	与英特体育国际有限公司合作，在全国 16 个省市独家共建零售体育用品专卖店	深圳证交所
002181	粤传媒	①拥有《足球报》等体育系列报刊的经营管理 ②体育彩票	深圳证交所
600018	上港集团	①收购上海东亚足球俱乐部 ②拥有上海上港足球俱乐部	上海证交所
002486	嘉麟杰	①高端户外用品功能性面料供应商 ②经营户外体育用品	深圳证交所

证券代码	公司名称	体育概念	交易市场
600881	亚泰集团	投资长春亚泰足球俱乐部	上海证交所
600358	国旅联合	①拥有国旅体育公司 ②收购盈博讯彩涉足体育培训等产业	上海证交所
300043	互动娱乐	控股西班牙人足球俱乐部	深圳证交所

资料来源：上海证券交易所、深圳证券交易所相关公司公告。

3.2 Palepu 识别假设的引入

2008 年，Palepu 和 Healy 等首次提出了在基于财务管理的视角下，运用改进的 DuPont 模型识别企业的竞争战略。该方法是以 DuPont 体系的分解指标作为战略识别的假设基础：资产周转率相对较高且营业利润率相对较低的企业，被认定采用了成本领先战略，反之，资产周转率相对较低且营业利润率相对较高的企业，被认定实施了差异化战略。

这种识别假设的定义与波特的竞争战略分类高度契合，一方面，根据 Porter 成本领先战略的定义，企业通过降低自己的生产和经营成本，以低于竞争对手的产品价格，获得市场占有率，并获得同行业平均水平以上的利润成本，因此由需求定律决定，较低的产品价格如果要获得高于行业平均水平的利润，就只能依靠高的资产周转率来补偿较低的利润率（Palepu et al.，2008）；另一方面，差异化竞争战略要求企业产品、服务、企业形象等与竞争对手有明显的区别，由于产品的差异性，其交叉弹性相对较小，企业为了盈利，必然会使产品的价格增长幅度高于产品成本提高的幅度（陈圻和任娟，2011），同时根据需求定律，价格提高会带来销量减少，表现为较低产品较低的资产周转率。

综上所述，Porter 的两种基本竞争战略可以通过 Palepu 提出的财务识别假设进行检验，这种假设得到了一些学者的理论模型或实证支持。因此，本书拟在 Palepu 识别模型的基础上运用该方法进行实证研究。

3.3 Palepu 假设的识别指标构建

根据 Porter 对竞争战略的定义，竞争战略是企业业务层次战略或者 SBU（业务单位）战略，是对企业生产产品或服务过程中所展现的战略特性做出的一种基本判断，因此，从财务的视角，不应将非业务单位活动纳入考察范围，按照林芳强等学者的相关研究分类，为了更加切合竞争战略的定义，以经营资产和经营损益为基础而构建 DuPont 模型，从而提高竞争战略识别的准确性和有效性。

DuPont 模型表达式为：绩效指标 = 盈利指标 × 效率指标

对于绩效指标的选择，我们参考 Nissim 等的研究，选择去杠杆化的经营资产收益率来考察企业绩效。

对于盈利指标的选择，我们借鉴林芳强等学者的研究成果，根据绩效指标的选择依据，对营业收入扣除营业成本和各项税费以及经营损益项目得到经营性营业利润，再除以营业收入就能得到经营性营业利润率。表达式如下：

经营性营业利润率 =（营业收入 – 营业成本 – 营业税金及附加 – 销售费用 – 管理费用 – 财务费用 – 资产减值损失）/ 营业收入

对于效率指标的选择，我们在其他学者研究的基础上，考虑到体育产业的相关属性，在总资产中剔除了交易性金融资产、应收利息、应收股利、可供出售金融资产、持有至到期投资、长期股权投资等非紧密和经营活动相关的内容，然后用营业收入除以经营资产，得出经营性资产周转率。表达式如下：

经营资产＝总资产－交易性金融资产－应收利息－应收股利－可供出售金融资产－持有至到期投资－长期股权投资

因此，可以得到改进 DuPont 模型表达式为：

经营性资产收益率（ROE）＝经营性营业利润率×经营资产周转率

结合 Porter 对竞争战略的定义，根据改进 DuPont 模型，我们可以定义行业内相对较高的经营资产周转率和相对较低的经营性营业利润率属于成本领先战略企业；具有行业内相对较低的经营性资产周转率和相对较高的经营性营业利润率，属于差异化战略企业。

3.4　基于 Palepu 假设的竞争战略分类

根据 Porter 对竞争战略的分类，可以把竞争战略分为低成本竞争战略和差异化竞争战略两类，Porter 在提出竞争战略时也认为，企业只能选择其中一种战略进行竞争，如果同时实施两种战略则不能达到竞争者的规模和市场要求，从而使竞争战略失败。但随着全球经济一体化时代的来临，国际贸易越来越频繁和快捷，生产资源的稀缺性得到了有效的缓解，使得企业能够多元化发展，也为多种战略的实施奠定了基础。国内外许多学者都开始关注实施多种战略企业的研究，White（1986）、Wright（1991）、Beal 和 Yasai-Ardekani（2000）等学者从不同的领域对实施多种战略进行了实证研究，表明一定条件下同时实施多种战略可以为企业带来更高的绩效。在国内，韵江等（2003）对传统的 Porter 三种基本竞争战略理论的不足提出质疑，提出了低成本战略和差异化战略融合的四层面分析模型 SOD 战略模式，列举并解析了低成本与差异化融合的应用问题。芮明杰等（2007）运用产品差异化模型考察成本相同和成本不同两种情况下企业的竞争行为，证明差异化战略和成本领先战略并不矛盾，可以利用低成本和差异化的战略组合获取企业的竞争优势。陈圻等（2011）在经典竞争战略基础上，重构了竞争战略的逻辑基础，修正了两种基本战略相容的经典条件，界定了低成本差异化战略。林芳强等（2017）构建了 Palepu 识别假设的博弈模型，从数理逻辑上进行了验证，得出成本差异化战略具有双驱动因子优势，并运用华东地区汽车制造上市公司样本进行战略识别和分类，对多种战略进行了实证检验。

综上所述，对于经典的 Porter 竞争战略分类，越来越多的学者从理论上和实证中都研究表明，混合竞争战略的存在，因此本书在已有研究的基础上，参照 Palepu 识别假设构建的标准，以经营性资产周转率和经营性营业利润率的不同组合，把企业的竞争战略分成以下四类：低成本差异化、低成本战略、差异化战略、无战略，拥有高经营性资产周转率和经营性营业利润率的企业实施低成本差异化竞争战略；经营性资产周转率高和经营性营业利润率低的企业实施了低成本竞争战略；经营性资产周转率低和经营性营业利润率高的企业实施了差异化竞争战略；而经营性资产周转率低和经营性营业利润率低的企业不能有效确定其战略定位，战略方向模糊，必然会带来企业低绩效，因此，我们将这种企业归类为无明显竞争战略。具体如表 3.2 所示。

表 3.2　竞争战略分类

战略类型	战略特征	资产收益率（ROE）
低成本差异化	经营性资产周转率高 经营性营业利润率高	高
低成本	经营性资产周转率高 经营性营业利润率低	高/低
差异化	经营性资产周转率低 经营性营业利润率高	高/低
无战略	经营性资产周转率低 经营性营业利润率低	低

在同一产业内，从绩效表现来看，低成本差异化竞争战略具有高经营性资产周转率和高经营性营业利润率，必然会带来高资产收益率。实施低成本战略和差异化战略的企业有着高周转率、低利润率或者有着低周转率、高利润率，其绩效可能会出现高或低。无战略由于有经营性资产周转率低和经营性营业利润率低，必然会带来低绩效收益。

基于时间序列的竞争战略变迁。竞争战略对企业也不是一成不变的，企业会根据不断变化的外部环境（社会环境、技术环境、经济环境）以及自身资源、经营理念、能力和企业文化等方面的变化而不断改变，这种竞争战略的变化可以通过时间序列反映。在竞争战略变化中，我们可以运用绩效的上升、平稳和下降的趋势来刻画战略变迁路径，分别称为竞争战略进化、战略替代和战略弱化。如图 3.1 所示。

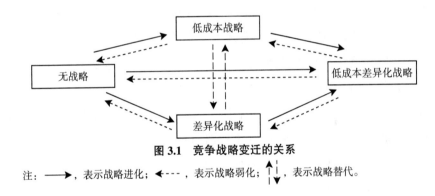

图 3.1   竞争战略变迁的关系

注：———，表示战略进化；◄- - -，表示战略弱化；↑↓，表示战略替代。

从图 3.1 中可以得知，当企业原有的成本优势、效率优势等竞争优势下降，同时又没有新方法、新手段来提升竞争优势时，使经营绩效等级下降称之为战略退化；如果企业成本、效率优势不断改进使经营财务绩效等级不断上升称之为战略进化；鉴于成本领先战略和差异化战略，经营绩效没有优劣之分，因此这两种战略可以称为战略替代。

3.5 竞争战略识别方法

第一步，按照识别指标的构建公式，计算每一个体育产业上市公司的经营性营业利润率和经营性资产周转率。OPO_{ij} 代表第 i 家上市公司第 j 年的经营性营业利润率，TOA_{ij} 代表第 i 家上市公司第 j 年的经营性资产周转率，其中 i=1，2，3，…，21（21 家体育产业上市公司）；j=1，2，3，…，10（从 2008 年到 2017 年，共 10 年）。

第二步，确定经营性营业利润率和经营性资产周转率的临界值。确定临界值的主要方式有计算指标的加权平均数、算术平均数、中位数等。结合体育产业的特点，我们选择算术平均数作为识别指标的临界值。

第三步从竞争战略的本质讲，一个企业采用的竞争战略具有一定的稳定性和长期性。但在具体的战略实施过程中，可能受到环境因素、资源因素、能力因素等变量的交互影响，会使企业的财务指标产生随机波动可能，用财务指标反映企业竞争战略可能会使竞争战略产生不规则跳跃，从而使竞争战略动态变化失真。为了避免这种情况出现，我们选取了比较常用的指数平滑法作为数据预处理方法。基本表达式如下：

$$Y_{t+1} = \alpha x_t + (1-\alpha) Y_t$$

$$S_{t+1} = \beta z_t + (1-\beta) S_t$$

其中，Y_{t+1}，Y_t 分别为上市公司在 t+1 期和 t 期经营性资产周转率指数预测值，x_t 代表 t 期的经营性资产周转率的实际值，α 表示平滑系数。S_{t+1}，S_t 分别为上市公司在 t+1 期和 t 期经营性营业利润率指数预测值，Z_t 代表 t 期的经营性资产周转率的实际值，β 表示平滑系数。运用 Excel 中的规划求解来求得平滑系数 α，β 值。

第四步，参照第三步的做法，对经营性营业利润率和经营性资产周转率的平均值利用平滑指数法做无纲量化处理。

第五步，为了能够准确地分析竞争战略对企业绩效的影响，本书对体育产业企业的面板数据进行了标准化处理，即用企业某年的原始值除以样本平均值，就可以得到消除了时间效应的标准值。令$\overline{OPO}$代表体育产业上市公司经营性营业利润率的平均值，$\overline{TOA}$代表体育产业上市公司经营性资产周转率，其具体标准化处理公式如下：

$$OPOE_{ij} = OPO_{ij}/\overline{OPO}$$

$$TOAE_{ij} = TOA_{ij}/\overline{TOA}$$

其中，$OPOE_{ij}$代表第 i 家公司第 j 年的经营性营业利润指数；$TOAE_{ij}$代表第 i 家公司第 j 年经营性资产周转率指数。

第六步，确定识别准则，按照上述步骤的计算，经营性营业利润指数大于或等于 1 且经营性资产周转率指数大于或等于 1 为低成本差异化战略；经营性营业利润指数大于 1 且经营性资产周转率指数小于 1 为差异化战略；经营性营业利润指数小于 1 且经营性资产周转率指数大于 1 为低成本战略；经营性营业利润指数小于 1 且经营性资产周转率指数大于 1 为无战略。

第七步，依据以上识别标准，对体育产业上市公司进行竞争战略识别，把在 2008~2017 年每年竞争战略没有发生任何改变的归类为竞争战略稳定；把战略改变次数小于或等于 3 次，每次竞争战略运用时间大于或等于 2 年的归类为竞争战略有序变迁，把战略改变次数大于或等于 3 次，每次竞争战略运用时间小于或等于 3 年的归类为竞争战略无序变迁。

表 3.3 中各个战略类型下方标注数据表示某上市公司当年的识别指标指数（指标 1，指标 2），指标 1 表示某公司的经营性营业利润指数，指标 2 表示某上市公司经营性资产周转率指数。

运用 Palepu 识别对我国体育产业上市公司进行了识别研究，从表 3.3 中我们可以得出：所有的体育产业上市公司都采用了不同的竞争战略。

表3.3 2008~2017年我国体育产业上市公司战略识别结果

公司名称	2008年	2009年	2010年	2011年	2012年	2013年	2014年	2015年	2016年	2017年	战略变化
中体产业	差异化 (3.07,0.65)	差异化 (2.52,0.40)	差异化 (1.03,0.52)	差异化 (2.22,0.58)	差异化 (1.07,0.41)	差异化 (3.43,0.37)	无战略 (0.90,0.43)	无战略 (-0.27,0.29)	差异化 (1.12,0.44)	差异化 (1.07,0.38)	有序变迁
西藏旅游	无战略 (-15.89,0.11)	差异化 (3.80,0.21)	差异化 (3.49,0.27)	差异化 (2.70,0.28)	差异化 (3.39,0.19)	差异化 (2.07,0.20)	无战略 (-2.90,0.16)	无战略 (-6.53,0.11)	无战略 (-14.32,0.13)	无战略 (-10.32,0.14)	有序变迁
青岛双星	低成本 (0.73,1.10)	低成本 (0.02,1.09)	低成本 (0.75,1.00)	低成本 (0.80,1.20)	低成本-差异化 (0.90,1.27)	低成本-差异化 (1.02,1.23)	低成本-差异化 (1.16,1.10)	差异化 (1.37,0.82)	差异化 (1.58,0.54)	差异化 (1.67,0.67)	有序变迁
探路者	差异化 (1.08,0.96)	低成本-差异化 (3.71,0.73)	差异化 (3.36,0.92)	低成本-差异化 (3.77,1.18)	低成本-差异化 (3.94,1.34)	低成本-差异化 (4.24,1.32)	低成本-差异化 (4.34,1.32)	低成本-差异化 (1.69,2.12)	低成本 (0.78,1.16)	低成本 (-1.28,1.39)	有序变迁
信隆实业	低成本-差异化 (1.12,1.72)	低成本-差异化 (1.33,1.36)	低成本-差异化 (1.13,1.48)	低成本 (0.88,1.28)	低成本-差异化 (1.30,1.41)	低成本 (0.62,1.33)	低成本 (0.63,1.43)	低成本 (-0.90,1.37)	低成本 (0.51,1.31)	低成本-差异化 (1.15,1.59)	有序变迁
北巴传媒	差异化 (4.35,0.59)	低成本-差异化 (2.56,1.19)	低成本-差异化 (2.25,1.36)	低成本-差异化 (2.29,1.55)	低成本-差异化 (2.02,1.70)	低成本-差异化 (2.01,1.73)	低成本-差异化 (2.23,1.73)	低成本-差异化 (2.13,1.38)	低成本-差异化 (1.37,1.51)	低成本-差异化 (1.08,1.67)	战略稳定
莱茵体育	差异化 (1.81,0.89)	差异化 (1.99,0.87)	差异化 (1.91,0.87)	差异化 (1.63,0.91)	差异化 (1.27,0.66)	无战略 (0.69,0.52)	无战略 (0.64,0.59)	低成本 (0.57,1.09)	低成本 (-0.54,1.42)	低成本 (0.04,2.19)	有序变迁
亚太股份	低成本-差异化 (1.71,1.23)	低成本-差异化 (1.94,1.06)	低成本-差异化 (1.87,1.28)	低成本-差异化 (1.22,1.18)	低成本-差异化 (1.13,1.26)	低成本-差异化 (1.50,1.39)	低成本-差异化 (1.53,1.04)	差异化 (1.18,0.98)	差异化 (1.07,0.96)	无战略 (0.81,0.87)	有序变迁

续表

公司名称	2008年	2009年	2010年	2011年	2012年	2013年	2014年	2015年	2016年	2017年	战略变化
贵人鸟	低成本-差异化 (3.56,1.32)	低成本-差异化 (3.35,1.26)	低成本-差异化 (4.16,1.50)	低成本-差异化 (4.54,1.82)	低成本-差异化 (5.37,1.48)	低成本-差异化 (5.62,1.15)	差异化 (5.23,0.60)	差异化 (5.67,0.63)	差异化 (5.56,0.44)	差异化 (3.35,0.68)	有序变迁
双象股份	低成本-差异化 (1.60,1.03)	低成本-差异化 (1.49,1.09)	低成本-差异化 (1.72,1.05)	低成本-差异化 (1.58,1.02)	低成本-差异化 (1.12,1.00)	无战略 (0.78,0.97)	无战略 (0.42,0.94)	无战略 (0.10,0.95)	无战略 (0.39,0.97)	无战略 (0.79,0.97)	有序变迁
华录百纳	差异化 (5.23,0.71)	差异化 (5.85,0.52)	差异化 (5.18,0.98)	差异化 (9.44,0.89)	差异化 (8.26,0.48)	差异化 (8.86,0.45)	差异化 (4.57,0.25)	差异化 (3.35,0.53)	差异化 (3.62,0.48)	无战略 (0.91,0.41)	有序变迁
雷曼股份	低成本-差异化 (1.78,1.63)	低成本-差异化 (1.71,1.89)	低成本-差异化 (1.40,1.64)	差异化 (2.13,1.40)	无战略 (0.63,0.56)	无战略 (0.48,0.53)	无战略 (0.16,0.58)	无战略 (0.44,0.65)	无战略 (0.05,0.49)	无战略 (0.23,0.63)	有序变迁
浙报传媒	低成本-差异化 (13.25,2.51)	低成本 (-1.17,2.40)	低成本 (-0.38,2.55)	低成本 (-0.67,1.10)	差异化 (4.51,0.87)	差异化 (4.80,0.52)	差异化 (4.27,0.65)	差异化 (3.41,0.68)	差异化 (1.90,0.64)	差异化 (3.47,0.53)	有序变迁
江苏舜天	低成本 (0.33,2.01)	低成本 (-0.16,1.30)	低成本 (0.17,1.66)	低成本 (0.03,1.89)	低成本 (0.41,2.07)	低成本 (0.42,1.88)	低成本 (0.50,2.12)	低成本 (0.31,2.92)	低成本 (0.47,2.28)	低成本 (0.42,2.60)	战略稳定
新华都	低成本 (0.88,2.83)	低成本 (0.56,2.95)	低成本 (0.45,3.20)	低成本 (0.77,2.66)	低成本 (0.59,2.61)	低成本 (-0.44,3.13)	低成本 (0.15,3.07)	低成本 (-0.91,3.01)	低成本 (-0.59,2.40)	低成本 (0.05,2.63)	战略稳定
粤传媒	无战略 (-1.86,0.42)	无战略 (-9.42,0.32)	无战略 (0.87,0.34)	无战略 (0.17,0.34)	差异化 (2.41,0.81)	差异化 (3.18,0.64)	差异化 (2.27,0.53)	无战略 (-9.59,0.43)	无战略 (-4.89,0.32)	无战略 (-11.3,0.31)	有序变迁

续表

公司名称	2008年	2009年	2010年	2011年	2012年	2013年	2014年	2015年	2016年	2017年	战略变化
浙江永强	低成本-差异化 (1.83,1.54)	低成本-差异化 (3.75,1.41)	差异化 (3.28,0.77)	差异化 (2.15,0.96)	差异化 (1.58,0.86)	差异化 (1.67,0.86)	无战略 (0.57,0.88)	无战略 (0.15,0.90)	差异化 (1.28,0.87)	差异化 (2.09,0.82)	有序变迁
上港集团	差异化 (8.40,0.43)	差异化 (7.18,0.38)	差异化 (8.48,0.43)	差异化 (8.18,0.37)	差异化 (5.50,0.49)	差异化 (5.99,0.49)	差异化 (6.79,0.51)	差异化 (5.78,0.51)	差异化 (4.91,0.52)	差异化 (6.14,0.47)	战略稳定
嘉麟杰	低成本-差异化 (2.86,1.34)	低成本-差异化 (2.87,1.22)	差异化 (3.05,0.85)	无战略 (-1.27,0.98)	差异化 (1.32,0.98)	差异化 (2.30,0.90)	差异化 (1.31,0.80)	无战略 (-2.99,0.67)	无战略 (-2.75,0.68)	无战略 (-1.54,0.92)	有序变迁
亚泰集团	差异化 (2.26,0.45)	差异化 (3.04,0.51)	差异化 (2.20,0.46)	差异化 (4.16,0.50)	差异化 (1.66,0.40)	差异化 (1.40,0.40)	差异化 (1.36,0.39)	无战略 (-14.05,0.03)	无战略 (0.60,0.33)	差异化 (5.75,0.49)	有序变迁
国旅联合	无战略 (-2.78,0.25)	无战略 (-0.98,0.27)	无战略 (-2.38,0.26)	无战略 (-6.23,0.21)	无战略 (-4.58,0.19)	无战略 (-13.68,0.16)	无战略 (-35.92,0.17)	无战略 (-11.67,0.17)	无战略 (-26.58,0.19)	无战略 (-1.91,0.54)	战略稳定

在所有运用战略中，我们可以把基于时间序列的体育产业上市公司竞争战略识别分为两类：一是战略稳定型；二是有规律变迁型。其中，战略稳定型可以细分为无战略、低成本战略、差异化战略、低成本差异化战略四种类型。有规律变迁型也可以分成低成本战略变迁、差异化战略变迁、以低成本为基础低成本差异化战略变迁、以差异化为基础低成本差异化战略变迁、低成本战略与差异化战略相互替代五种类型。

表 3.4　体育产业上市公司竞争战略识别结果汇总

竞争战略形态	竞争战略类别	公司
战略稳定型	无战略	国旅联合
	低成本战略	新华都、江苏舜天
	差异化战略	上港集团
	低成本差异化战略	北巴传媒
有规律变迁型	明确低成本竞争战略方向	
	明确差异化竞争战略方向	中体产业、西藏旅游、华录百纳、粤传媒、浙江永强、亚泰集团
	以低成本为基础低成本差异化战略变迁	青岛双星、信隆实业
	以差异化为基础低成本差异化战略变迁	探路者、亚太股份、贵人鸟、嘉麟杰
	战略替代	莱茵体育、浙报传媒
	战略退化	双象股份、雷曼股份

从统计结果来看，体育产业上市公司战略稳定型的企业共有 5 家，其中无战略 1 家，低成本战略 2 家，差异化战略 1 家，低成本差异化战略 1 家。北巴传媒有着高出行业平均水平的经营性营业利润率和经营性资产周转率的双高表现，兼顾了产品差异和成本优势，实现了低成本差异化战略。新华都和江苏舜天都采用了低成本的竞争战略，依靠较高的经营性资产周转率和较低的售价来获取市场份额。上港集团则在竞争中始终采用差异化竞争战略，全力打造产品的差异化属性，在市场上独树一帜，实现经营性营业利润率高而周转率低的竞争战略。对于国旅联合

而言，由于一直在由温泉休闲度假向文体娱乐产业转型，其主营业务无法为自身带来持续稳定的业绩，因而出现了战略迷失的状态，其竞争战略表现为无战略。

体育产业上市公司有规律变迁型企业共有 16 家，其中，有明确差异化战略变迁的有 6 家，以低成本为基础进行低成本差异化战略变迁的有 1 家，以差异化为基础进行低成本差异化战略变迁的有 4 家，低成本战略和差异化战略相互替代的有 2 家，还有 2 家企业实施了由低成本差异化战略到无战略的战略退化。

在明确差异化竞争战略变迁的企业中，虽然有些企业由于环境原因或是自身经营原因偶尔产生了无战略状态，但从企业长期竞争战略看，都表现出了差异化竞争战略的方向，代表的上市公司有中体产业、西藏旅游、华录百纳、粤传媒、浙江永强、亚泰集团。

在以低成本为基础进行低成本差异化战略变迁的上市公司是青岛双星，它在巩固成本优势的基础上，近几年提出了在行业转型升级中建设智能企业的目标，加大了产品创新的投入，使自身产品在市场上的差异化属性进一步加大，从而实现了低成本战略向低成本差异化战略的转型。

在以差异化为基础进行低成本差异化战略变迁的 4 家企业是探路者、亚太股份、贵人鸟、嘉麟杰，它们在体育市场上巩固产品差异化属性的同时加强了企业内部生产、管理、营销等流程优化，提高了企业生产经营效率，实现了差异化战略到低成本差异化战略的变迁。

在竞争战略替代中，莱茵体育实施了由差异化竞争战略到低成本竞争战略的过渡，浙报传媒实现了由低成本竞争战略向差异化竞争战略的调整，由于市场的不断变化，上市公司往往会根据市场变化情况，结合自身能力，对竞争战略做出适时调整。例如，莱茵体育在 2014 年以前基本实施差异化战略，以产品差异化属性占领市场，在国家 2014 年出台了《国务院关于加快发展体育产业促进体育消费的若干意见》46 号文件后，为了抢占体育产业市场，莱茵体育的竞争战略就转变成低成本竞争战略。

在竞争战略变迁中我们研究发现，双象股份、雷曼股份都出现了由低成本差异化竞争战略向无战略变迁的战略退化，这充分反映出2家企业在企业战略转型中陷入了迷失状态。

从整体来看，绝大部分体育产业上市公司在竞争战略选择中都能根据市场环境和企业自身情况作出有利于自身发展的战略变迁，这主要是由体育产业的属性所决定的，当产品服务比产品生产技术要求要高，资产规模相对较小，当原有产品失去竞争力，不能更好地适应市场时，许多企业能够及时地调整生产、管理、经营等环节，进而改变竞争战略，实现企业绩效最优。

4 体育产业公司竞争战略选择的影响因素

第 3 章从产业市场的角度分析了体育产业上市公司所采用竞争战略的类型，本章我们继续探讨上市公司竞争战略制定与实施的影响因素。许多研究表明，上市公司竞争战略影响因素应该包含战略制定与实施过程中的所有组成因子，它们是不同层次的因子的集合。目前学界对公司战略因素的研究主要有三类：一是以钱德勒等人为代表在 20 世纪 60 年代提出了行业结构理论的战略因素分析，主要从外部环境来考察企业的战略行动；二是从资源配置入手，认为企业竞争战略就是资源的要素组合策略；三是核心能力理论视角，强调公司要研发竞争者难以模仿的核心竞争力，以确保企业在行业中的独特优势。

随着我国体育产业公司数量的不断增长，在国外竞争战略理论研究的影响下，国内许多研究者结合国情，对企业竞争战略进行了多角度的研究，主要可以分为以下几类：一是利用财务指标来识别竞争战略类型，如任娟等（1998）利用总资产周转率和营业利润等指标来识别竞争战略，并在此基础上考察不同竞争战略企业的创新效率。二是运用统计方法来识别企业的竞争战略，如郑云兵等（2002）运用验证性因子分析方法来确定公司的竞争战略类型，并利用滞后变量模型来分析企业竞争战略对公司绩效的影响。三是以企业的利润结构为基础建立企业竞争战略分析框架，如王建华等（2004）研究认为企业的竞争战略是由企业所在竞争场空间中的地位决定的。四是体育用品业企业的相关竞争研究，如张新英等（2006）以迪卡侬为例，分析该企业的竞争优势及其优势驱动因素。李军岩等（2011）以李宁、安踏等企业为例分析了企业战略转型演化的轨迹。五是从外部环境对体育用品企业战略的研究，如陈媛等（2010）从组织结构、专业技术和营销模式研究了企业战略的维度。刘强德等（2011）从体育企业环境入手，分析了体育企业与环境的关系，得出了环境因素对体育企业战略结构有一定影响的结论。六是对体育产业品牌的战略研究，如孙义良（2013）运用 SWOT 分析方法对我国体育产业品牌进行了战略环境分析，构建了品牌发展战略绩效评价模型。

国内学者的相关研究对企业竞争战略的识别以及类型做了一定的分析，但以我国体育产业作为研究对象，进行体育产业公司竞争战略分析的研究还相对较少。随着我国体育产业的不断发展，特别是国务院 2014 年 46 号文件出台后，大量资本涌向体育产业市场，许多体育产业公司不断成立，这些体育产业公司需要采取什么样的竞争战略才能使企业发展更加具有竞争力，或者从另外一个视角来讲，到底是什么因素影响了体育产业企业的竞争战略，这对于体育产业公司的发展至关重要。

4.1 研究方法

4.1.1 文献资料法

本书利用中国知网（CNKI）等检索工具，查阅了大量与本课题相关的文献资料，对国内外体育产业公司以及体育相关产业公司竞争战略的研究进行梳理，对与本书相关的研究成果进行了整理。

4.1.2　AHP 法

该方法是美国匹兹堡大学托马斯·塞蒂（T.L.Saaty）教授在 20 世纪 70 年代提出的，是一种实用、简便的多准则决策方法。其基本思想是把复杂的问题分解为各个有序层次的组成因素，通过将每个有序层次因素进行两两比较确定其相对重要性，然后利用数学方法计算出每一层次元素的相对重要性次序的权重值，再通过所有层次之间的总排序，计算所有元素的相对权重并进行排序。

4.2　体育产业公司竞争战略影响因素指标体系构建

体育产业竞争战略是指体育产业公司在市场的竞争中为了获得利益或者优势而采取的行动。这种行动不是单一的，而是一个多层的行动集。本书借鉴已有研究成果，结合我国体育产业发展状况和数据的有效性、可得性，建立了体育产业公司竞争战略评价指标体系，主要从行业结构视角、基础资源视角、核心能力视角、宏观环境视角等方面进行分析。

4.2.1　行业结构理论体育竞争战略的要素分析

行业结构理论主要从行业环境对企业竞争战略的影响来分析，利用波特提出的五力模型分析框架进一步讨论。分别是同行业现有竞争者的竞争、新加入竞争者的威胁、供应商议价能力、购买方议价能力、替代品的威胁 5 个要素。

　　同行业现有竞争者的竞争：对于体育产业而言，由于体育产业发展较晚，还有政策红利作支撑，现有竞争者的竞争相对激烈，竞争者的竞争主要体现在价格竞争和产品属性、产业服务竞争。具体而言包括竞争者产品的价格、竞争者产品的质量、竞争者的产品服务、竞争者产品的营销渠道、竞争者产品的市场占有率、竞争者的数量及质量。

　　新加入竞争者的威胁：从体育产业发展的特点看，它的高增长率，吸引了大量的资本进入市场，特别是在国务院 2014 年颁发 46 号文件以后，万达、阿里巴巴等知名企业也纷纷加入体育产业市场，它们作为竞争者可以利用其市场平台的资源，对市场原有竞争者形成很大的挑战，新加入者的威胁可以通过如下几个方面度量：新加入者的公司规模、新加入者的产品质量、新加入者的消费群体、新加入者的销售平台、新加入者的产品价格。

　　供应商议价能力：体育产业市场中供给方一般会采用价格杠杆或者服务杠杆来获得更多的利润。具体分为供给公司的规模、供给公司产品的市场占有率、产品的可替代性。

　　购买方议价能力：产业市场的消费侧会通过自身资源的占有率来迫使供给侧降低价格、提高质量，比如现在的网络消费平台就有很强的议价能力。综合起来主要有如下的特点：买方的规模、买方市场需求度、产品信息的对称度。

　　替代品的威胁：替代品是产品不断发展，市场不断进步的有力推动者，从理论上讲，所有行业产品都面临着替代品的威胁。替代品的威胁性主要体现在产品价格、产品替代率、消费者对产品的认知率、替代品的供给能力上。

　　总之，上面所述的因素都会对公司产生不同的影响，本书基于行业结构的视角对公司战略因素进行了分析，如表 4.1 所示。

表 4.1　行业结构理论体育竞争战略的要素

因素类别	指标
现有竞争者	竞争者产品的价格
	竞争者产品的质量
	竞争者的产品服务
	竞争者产品的营销渠道
	竞争者产品的市场占有率
	竞争者数量及质量
新加入竞争者的威胁	新加入者的公司规模
	新加入者的产品质量
	新加入者的消费群体
	新加入者的销售平台
	新加入者的产品价格
供应商议价能力	供给公司的规模
	供给公司产品的市场占有率
	产品的可替代性
购买方议价能力	买方的规模
	买方市场需求度
	产品信息的对称度
替代品的威胁	产品价格
	产品替代率
	消费者对产品的认知率
	替代品的供给能力

4.2.2　基于资源理论的战略要素分析

资源理论主要从企业内部入手对企业进行分析，该理论认为，公司的内部资源相对于外部环境而言更加稳定，对公司的发展具有决定性的作用。目前，学界对于资源的分类还没有统一的标准，但可以根据物态属性从规模资源、实物资源、人力资源、技术资源等有形资源和信息资源、声誉资源、组织资源等无形资源进行度量。因此，公司的内部资源主要有如下几个方面，如表 4.2 所示。

表 4.2　基于资源理论的战略要素

因素类别	指标
规模资源	总资产
	净资产
实物资源	固定资产
	地理位置
人力资源	员工数量
	学历水平
组织资源	激励机制
技术资源	技术专利
	注册商标
信息资源	网络平台
声誉资源	公司品牌
	公司社会责任感

4.2.3　基于核心能力战略要素分析

关于核心能力的定义，目前学界还没有统一，综合学者的研究可以概括为：核心能力是独到的、短时间内难以模仿的，能为公司带来相对于竞争对手的竞争优势和资源的一种能力，这种能力有助于公司价值的提升。因此，从这个角度可以对体育产业公司核心能力战略要素进行分析，如表 4.3 所示。

表 4.3　核心能力战略要素

因素类别	指标
运营能力	主营业务收入
	流动比
	速动比
	应收账款周转率
	风险管理能力
盈利能力	营业利润率
	总资产报酬率
发展能力	销售收入
	资产规模
	净收益

4.2.4　基于宏观环境战略要素分析

体育产业公司竞争战略的制定与外部宏观环境密切相关，离开外部环境的支撑，产业公司将无从发展。对于体育产业宏观环境战略因素分析，我们可以采用最为常用的 PEST 分析模型进行研究，主要从政治环境（包括体育产业政策的出台数和体育事业经费的投入等）、经济环境（包括 GDP、CPI 等国民经济指标）、社会环境（包括体育人口数量、公民受教育程度等）、体育技术环境（包括体育赛事数量和体育设施覆盖率等）方面对影响企业的主要外部环境因素进行分析，如表 4.4 所示。

表 4.4　基于宏观环境战略要素分析

因素类别	指标
政治环境	体育产业政策出台数
	体育事业投入金额
经济环境	GDP
	国民平均收入
	CPI
	进出口贸易额

续表

因素类别	指标
社会环境	体育人口数量
	公民受教育程度
	民众体育参与度
	交通便捷指数
体育技术环境	体育赛事数量
	体育设施覆盖率

4.3 竞争战略要素选择

首先对从行业结构视角、基础资源视角、核心能力视角、宏观环境视角等方面分析的 53 个影响因素采用专家投票方式，进行体育产业公司战略因素的初选，再运用层次分析法（AHP）确定影响因素的权重，从而最终确立各因素影响的大小。

4.3.1 战略因素的初选

本书选取了从事体育产业运营管理、行业研究等领域的 65 名专家，其中，管理学专家 30 名、上市公司独立董事 5 名以及相关职能部门管理者 30 名。按照体育产业公司竞争战略影响因素指标分析的 53 个备选影响因素进行选择，要求选出对体育产业公司竞争战略影响最重要的 20 个战略因素。最后，排名前 20 的因素按资源型因素、能力型因素和环境型因素进行分类排序。结果如表 4.5 所示。

表 4.5　体育产业公司战略因素备选结果

因素类别	指标
资源型因素 （F1）	总资产 （F11）
	流动资产 （F12）
	固定资产净额 （F13）
	无形资产 （F14）
	货币资金 （F15）
	存货 （F16）
	员工学历水平 （F17）
	专利申请数 （F18）
能力型因素 （F2）	营业利润率 （F21）
	销售毛利率 （F22）
	流动比 （F23）
	速动比 （F24）
	流动资产周转率 （F25）
	研发投入水平 （F26）
环境因素 （F3）	GDP （F31）
	CPI （F32）
	体育赛事数量 （F33）
	体育设施覆盖率 （F34）
	体育人口数量 （F35）
	相关政策出台数 （F36）

4.3.2　确定体育产业公司战略因素的比较标度

本书采用的方法是将相同层级上的指标进行两两比较，并按照 1~9 尺度的分级标度构建判断矩阵，具体以指标 X_1 和指标 X_2 为例，进行两两比较，标度方法如表 4.6 所示。

表 4.6　1~9 标度法

标度 x_1	标度 x_2	定义	说明
1	1	同等重要	X_1 与 X_2 相比较，同等重要
3	1/3	稍显重要	X_1 与 X_2 相比较，X_1 比 X_2 稍微重要
5	1/5	明显重要	X_1 与 X_2 相比较，X_1 比 X_2 明显重要
7	1/7	重要得多	X_1 与 X_2 相比较，X_1 比 X_2 重要得多
9	1/9	极端重要	X_1 与 X_2 相比较，X_1 比 X_2 极端重要
2, 4, 6, 8	1/2, 1/4, 1/6, 1/8	介于以上中间	

4.3.3　建立体育产业公司战略因素的判断矩阵、确定各因素的权重

判断矩阵及权重如表 4.7 所示。

表 4.7　判断矩阵及权重

A_0	F_1	F_2	F_3
F_1	1	a_1	a_2
F_2	$1/a_1$	1	a_3
F_3	$1/a_2$	$1/a_3$	1

对体育产业公司战略因素判断矩阵首先要计算出最大特征根，然后在此基础上再计算出相对应的特征向量 W，其表达式如下：

$$AW = \lambda maxW$$

计算特征向量的方法有多种，我们主要采取方根法来计算，其原理如下：

$$\left[A_0\right] \rightarrow \begin{bmatrix} \sqrt{1 \times a_1 \times a_2} \\ \sqrt{1/a_1 \times 1 \times a_3} \\ \sqrt{1/a_2 \times 1/a_3 \times 1} \end{bmatrix} \rightarrow \begin{bmatrix} a_1 \\ a_2 \\ a_3 \end{bmatrix}$$

4.3.4 一致性检验

为了能更好地判断特征向量的有效性，需要对矩阵进行一致性检验，检验如下：

$$(A_0a) = A_0 \times a = \begin{bmatrix} (A_0a)_1 \\ (A_0a)_2 \\ (A_0a)_3 \end{bmatrix}$$

$$\lambda_{max} = \frac{1}{n} \sum_{i=1}^{n} \frac{(A_0a)_i}{a_i} = \frac{1}{3} \sum_{i=1}^{3} \frac{(A_0a)_i}{a_i}$$

然后计算出一致性指标：

$$C_i = \frac{\lambda_{max} - n}{n-1}$$

最后进行检验判断：

$$CR = \frac{C_i}{R_i}$$

4.3.5 竞争战略要素的最终选择

根据专家评定意见，分别计算出影响竞争战略因素的权重系数，如表 4.8、表 4.9 所示。

表 4.8 类型因素权重

类型因素	权重
能力型	0.4672
环境型	0.3861
资源型	0.1466

表 4.9 影响体育产业公司战略因素最终结果

序号	因素指标	权重
1	营业利润率	0.1215
2	体育人口数量	0.1142
3	销售毛利率	0.1030
4	体育赛事数量	0.0966
5	研发投入	0.0945
6	体育设施覆盖率	0.0713
7	流动资产周转率	0.0544
8	体育政策出台数量	0.0506
9	总资产	0.0490
10	流动比	0.0448
11	速动比	0.0371
12	无形资产	0.0355
13	货币资金	0.0277
14	员工受教育程度	0.0236
15	固定资产净额	0.0206
16	GDP	0.0189
17	流动资产	0.0179
18	存货	0.0111

4.4 结论

从上述研究结果可知：总体的一致性比率和每一个层次中的判断矩阵一致性比率 CR 都小于 0.1，满足模型一致性的要求，说明计算结果是合理的。

从表 4.8 中可知，在影响体育产业公司竞争战略因素层判断矩阵中资源型因素、能力型因素、环境型因素所占权重比分别为 0.1466、0.4672、0.3861，表明在影响体育产业公司竞争战略因素中，影响力由高到低的顺序为能力型因素、环境型因素以及资源型因素。

从表 4.9 可知，影响体育产业公司竞争战略因素的权重具有明显的层次性，其中，体育产业公司的营业利润率对竞争战略选择影响最大，权重达到了 0.1215，体育人口数量对企业竞争战略的选择影响次之，权重为 0.1142，销售毛利率对竞争战略影响权重也达到了 0.1030，三者单个对竞争战略影响权重都超过了 0.1，说明它们对体育产业企业竞争战略的选择影响相对较大。企业竞争战略影响权重介于 0.0500~0.1000 间的分别是体育赛事数量、研发投入，其中体育赛事数量影响权重为 0.0966，研发投入影响权重为 0.0945，比例也很高。其次分别是体育设施覆盖率、流动资产周转率、体育政策出台数量，影响权重分别是 0.0713、0.0544、0.0506。不足 0.0500 的因素有总资产、流动比、速动比、无形资产、货币资金、员工受教育程度、固定资产净额、GDP、流动资产、存货，说明这些因素对体育产业公司竞争战略也有一定的影响。

从不同战略类型来看，能力型战略类型中对体育产业企业竞争战略选择影响最大的因素是营业利润率，环境型战略类型中对体育产业企业竞争战略选择影响最大的因素是体育人口数量，资源型战略类型中对体育产业企业竞争战略选择影响最大的因素是总资产，说明体育产业公司自身的总资产和经营能力以及外部体育人口数量对竞争战略的影响较大。

5 我国体育产业上市公司竞争战略的影响机制研究

前面已对体育产业上市公司竞争战略类型的识别以及竞争战略的内部影响因素进行了研究，识别竞争战略类型和研究竞争战略的影响因素的目的是找出竞争战略如何影响企业绩效，是直接影响还是间接影响，如何揭示企业绩效的影响机理，这是一个非常有意义的问题。

5.1 理论构建与研究假设

5.1.1 竞争战略类型的绩效差异

在竞争战略与企业绩效的实证中，以 Dess 和 Davis（1984），Pearce（1988）等为代表，他们的研究结果表明差异化战略和低成本战略不能同时实施。但随着研究的不断深入，以 Hill（1988），Miller 和 Dess（1993）以及 Kim（2004）为代表，他们的研究认为，在特定的条件下低成本和差异化战略并不相互排斥，以前的不同研究结论是由于对低成本差异化战略和无战略定义不同产生的。还有许多学者（Allen et al.，2006；郑兵云等，2011；林芳强等，2017）研究证明，两种竞争战略与企业绩效都具有正相关关系。相对于低成本战略或者差异化战略，甚至既不采用低成本战略也不采用差异化战略的这种"夹在中间"的无战略状态，国内外的研究者（Kim et al.，2004；Ortega et al.，2009；潘志强等，2014；林芳强等，2017）认为，如果把低成本差异化竞争战略、无战略、低成本战略、差异化战略进行区别研究，则发现低成本差异化竞争战略与企业绩效具有显著正相关关系。

根据第 4 章 Palepu 竞争战略识别假设，以经营资产周转率和经营性营业利润率高低的两两不同组合，把竞争战略分成了低成本战略、差异化战略、低成本差异化竞争战略（同时强调低成本和差异化）、无战略（既不强调低成本战略也不强调差异化战略）。从 Palepu 竞争战略识别定义，低成本差异化竞争战略具有高经营资产周转率和高经营性营业利润率，必然会带来高企业绩效。同理，既不强调低成本战略也不强调差异化战略的企业，在周转率和利润率上具有双低表现，必然绩效最差，处于不同战略目标的低成本战略、差异化战略绩效表现孰优孰劣，是值得进一步研究的问题。

目前，在我国体育产业市场中，随着体育需求快速增长，体育服务供给增强，涌现出越来越多的竞争模式。那么，作为体育产业市场风向标的我国体育产业上市公司竞争战略的绩效表现到底如何？基于以上分析，我们提出如下假设：

H1a：低成本差异化战略的绩效明显好于低成本战略。

H1b：低成本差异化战略的绩效明显好于差异化战略。

H1c：低成本战略的绩效明显好于无战略。

H1d：差异化战略的绩效明显好于无战略。

H1e：低成本差异化战略的绩效明显好于无战略。

5.1.2   竞争战略与企业绩效

波特把竞争战略分成了低成本战略、差异化战略和目标集中战略，企业只要采取任意一种战略都能提升企业绩效。但到底哪种战略对企业的发展是最优战略？很多学者对此开展了竞争战略与企业绩效的实证研究。国外对产业上市公司的竞争战略与绩效评价研究主要可分为两类：一是成本战略与绩效研究，主要通过财务比率来衡量企业的战略效率，后来一些研究更加积极地从公司本身结构方面来衡量战略绩效，研究了公司价值与股权结构的关系；二是市场战略与竞争绩效研究，早期研究常用市场结构变量（比如市场集中度）来衡量企业的战略效率，此后逐渐转变到市场环境对战略绩效的影响上。由于发达国家的体育产业市场发展比较完善，因此体育产业的竞争战略与绩效总是结合战略管理、产业经济来研究。从市场的角度说，虽然我国与西方国家在体育市场体制上有所差异，需要我们探索不同的竞争战略方式和战略效率的评价方式，但这些研究的视角，所采用的理论和方法以及具体的实践经验对本书的研究都有借鉴意义。

国内对体育产业战略与绩效的研究最初主要是介绍国外体育产业战略理论的最新成果以及实践经验的总结。随着我国改革开放的深入，体育产业快速发展，学术界从管理学、经济学、社会学等领域对体育产业发展战略问题进行了深刻剖析：一是关于体育产业战略的理论研究，主要集中在探讨体育产业发展中的重点和难点（鲍明晓，2016），体育产业发展战略路径研究（黄海燕等，2016），我国体育产业发展现状及策略研究（林显鹏，2006），体育产业品牌发展战略研究（孙义良，2010），上市公司竞争战略影响因素分析（谭宏，2016）。二是关于体育产业效率评价的研究，包括市场结构、市场行为与市场绩效之间的逻辑关系研究（张瑞林，2011），上市公司资金结构与绩效研究（詹新寰，2013），体育产业公司经营绩效演变特征研究（陈颖，2014）等方面。总的来说，国内的研究成果从产业的不同领域和视角提出了有价值的思想与观点，对本书的研究有重要的指导意义。

综上所述，我们发现，对体育产业上市公司的竞争战略还需要在以下两个方面开展进一步研究。首先，目前对于体育产业公司竞争战略的研究基本都是来自对企业的问卷调查，由于在问卷设计、调查访谈对象的选择等方面存在差异，所得结果相对比较主观，即使能排除调查的主观因素影响，采用问卷调查和专家访谈法所得结果也会更多地反映企业既定战略，而企业的竞争战略会随着市场环境、公司发展等方面的改变而不断变化，因此运用上市公司运营指标来衡量企业战略可以反映企业的即时战略，对公司战略的衡量也更加合理。其次，现有文献主要集中分析了体育产业上市公司的运营效率评价，对我国体育产业上市公司在短期和长期采用什么样的竞争战略研究较少，而对我国体育产业企业而言，采用什么样的竞争战略才能更快、更好地发展，以及不同时期采用什么竞争战略，更值得我们深入探讨。

5.1.2.1　竞争战略与企业短期绩效

国外首先对竞争战略与短期经营业绩进行实证研究的是 Hambrick，Dess 和 Davis 等（2011），他们以工业相关行业为研究对象，研究结果表明，竞争战略与经营绩效具有显著相关性，不同的战略对企业的业绩有不同的影响。Acquaah 和 Yasai-Ardekani 对加纳 200 家企业进行问卷调查，利用因子分析证实了企业实施目标集中战略要优于低成本战略和差异化战略。我国学者郑兵云等（2014）以制造业的财务数据为研究对象，运用因子分析识别公司采用的战略类型，通过滞后变量模型分析了战略与公司绩效的关系，表明单一战略能给企业带来绩效的增长，并且低成本战略优于差异化战略。

从上述研究中我们可以得出战略类型在不同行业的企业中有着广泛的运用，由于不同的行业，所选取的解释变量和被解释变量不同，其结论也不同，但竞争战略对企业绩效是有促进作用的。由于我国体育产业才刚刚起步，对体育产业上市公司竞争战略的研究还很少，因此本书重点研究体育产业上市公司采用低成本战略和差异化战略对企业绩效的影响，根据以上文献回顾和理论分析，提出如下假设：

H2a：体育产业上市公司采用低成本战略和差异化战略与公司短期绩效正相关。

H2b：体育产业上市公司采用低成本战略优于差异化战略对公司短期绩效的影响。

5.1.2.2　竞争战略与企业长期绩效

目前，对于行业竞争战略的研究很多都集中于对短期绩效的影响，而对于这种竞争战略或者竞争优势能否持续为企业带来盈利，从而获得长期绩效则缺乏进一步的检验，这正是研究的中心问题。保持竞争战略的优势或者持久性需要企业额外增加难以替代的资源或者难以模仿的技术。由于低成本战略要求达到一定的生产规模，控制费用，从而建立起竞争优势，这种优势如果不通过价值链相互作用，相对容易模仿。差异化战略主要是提供的产品或服务差异化，形成在行业中具有独特性而获得竞争优势。如果消费者对价格比较敏感，并认为差异化所带来的价值不足以弥补差异化与低成本的价格差，那么差异化战略就不能持久。结合我国体育产业上市公司的情况，提出以下假设：

H2c：竞争战略对企业绩效的影响具有持续性。

H2d：体育产业上市公司采用差异化战略的长期绩效显著优于低成本战略。

5.1.3　竞争战略与创新

国内外学者在竞争战略与企业创新的关系研究中，不论是理论研究还是实证研究，把竞争战略与企业创新放入统一框架进行分析研究的成果相对较少，许多学者研究都认为，低成本竞争战略和差异化竞争战略均需要创新来保持竞争优势（林芳强，2012），也有学者认为，创新会使低成本竞争战略企业绩效降低，两者之间到底是正向关系还是负向关系，一直是学界讨论的焦点。

已有的研究表明，竞争战略的选择是企业不断与内外部环境相匹配的一个动态的过程。许多学者的研究表明，竞争战略对绩效有直接或者间接的影响，为了保持或者进一步提高绩效水平，有学者做了进一步研究，不论是低成本战略还是差异化战略，都需要用创新来保持这一优势。差异化竞争战略的目标是在行业内提供独特的产品或者服务，从而获取超额溢价，因此从差异化竞争战略的本质讲，必须要进行创新积累，才能持续地独树一帜，保持超额溢价。对于低成本战略而言，Porter（1980）指出："创新可以成为成本领先战略的驱动因素。"低成本战略核心是效率，为了防止行业新加入者通过模仿或者采用新技术从而以更低的成本参加竞争，低成本战略企业需要不断在已有基础上进行创新，通过技术创新改进生产流程，通过系统创新改进分销系统等方式，压缩成本，提高运营效率，才能保持这一竞争优势。基于以上分析，我们提出如下假设：

H3a：差异化战略对创新投入有正向影响。

H3b：低成本战略对创新投入有正向影响。

H3c：低成本差异化战略对创新投入有正向影响。

5.1.4 创新与企业绩效

由投入产出理论可知，创新对于企业的生存、发展有至关重要的影响，我国正处于由体育大国向体育强国发展的战略机遇期，加大创新投入，推动体育产业结构升级、加快体育经济快速转型已成为我国体育产业健康可持续发展的必然选择。通过企业不断投入人力、物力和财力，提高产品性能和改进服务质量，从而吸引更多的客户，扩大市场份额，获取更多收入。同时，随着生产或者服务技术的不断优化，企业的生产和管理成本也会大幅下降。

国内外学者对创新与企业绩效的大量研究都表明，竞争战略可以利用技术影响企业的绩效，例如，郑兵云等（2011）通过对企业管理者的问卷调查得出，低成本和差异化战略都能对企业绩效有直接影响，且还存在创新的中介效应。雷辉等（2013）通过对制造业上市公司企业的创新投入在竞争战略对企业影响中的作用研究，表明创新投入对企业绩效具有正向影响，且创新投入在差异化战略中具有中介作用。基于上述分析，我们认为体育产业上市公司创新在竞争战略与绩效的关系中具有中介效应，提出假设如下：

H4a：企业创新投入对企业绩效提升具有正向影响。

H4b：企业创新投入在低成本竞争战略与企业绩效之间具有中介作用。

H4c：企业创新投入在差异化竞争战略与企业绩效之间具有中介作用。

H4d：企业创新投入在低成本差异化竞争战略与企业绩效之间具有中介作用。

5.1.5 环境的调节作用

环境在战略管理领域一直是学者们关注的热点问题，Duncan（1972）对环境进行了描述：在环境组织中，个体或者群体在做出决策时缺少对环境因素信息的认知，无法判断环境对决策具有怎样的影响，因而不能判断决策的可能的结果。Milliken（1987），Steiner George（2002），Richard（2003）等也认为，环境不确定性会使企业的主要决策者无法正确认知或者判断组织所处环境的具体情况、发展趋势以及所做决策的预期影响。李大元、柳燕等（2006）认为，环境是影响企业发展的各种因素的集合，对企业决策具有影响，不能离开企业主体谈环境。此后，研究的主流是将组织外部能对企业产生潜在作用的事物统称为环境。为了保证理论的可比性，本书采用刘丽娜等（2009）的观点，将环境概念界定为：一个企业由于相关信息的不足因而无法精细准确地判断其所处环境的变化以及无法预测这种变化可能引起的经济后果，环境不确定性反映了环境的动荡及其程度。

许多实证研究表明，竞争战略与企业绩效之间具有正向的促进作用，也有学者发现，竞争战略通过其他形式间接影响企业绩效，如 Acquaah（2008）、蔺雷等（2007）等，为了能够更好地解释竞争战略对企业绩效的影响，许多学者提出在竞争战略与绩效影响关系中加入调节变量来作为界定竞争战略与企业绩效之间的边界条件。调节变量主要由环境变量和组织变量两方面构成，不同的环境和组织下，竞争战略对企业绩效的影响是不一样的，我国目前处于经济转型和产业升级的大背景下，外部环境的不断变化促进了企业战略的实施。另外，我国体育产业处于高速发展期，企业发展对外部环境的变化更为敏感，为了能够更好地研究竞争战略与企业绩效之间的关系，我们选取代表外部环境、行业特征的环境变量作为调节变量来研究竞争战略对体育产业上市公司企业绩效的调节效应。

环境的不确定性具有多个维度，不同的环境维度对竞争战略绩效的影响也不一样，学界对环境维度划分的研究相对比较多，其中以 Dess 和 Beard（1984）的研究比较具有代表性，他们把环境不确定性分成动态性、复杂性和竞争性 3 个维度。动态性主要关注环境要素变化频率和不稳定性，包括政府相关产业政策，企业技术创新、市场风险等；复杂性主要关注市场中消费者的需求的多样化、竞争的多样性和技术的多样性等；竞争性主要考察竞争环境资源的稀缺程度和市场竞争的激烈程度。还有许多研究者认为，环境的动态性本身具有环境复杂性的特征，对环境动态性的研究可以简化为环境的动态性和环境的竞争性的研究。因此本书利用此类分类方法考察体育产业环境的不确定性，构建如图 5.1 所示的环境不确定性对战略—绩效影响的概念模型。

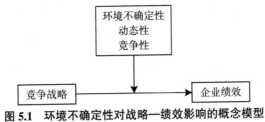

图 5.1 环境不确定性对战略—绩效影响的概念模型

环境的动态性是环境要素变化的速率,包括产业相关政策的制定、行业转型升级、企业技术创新以及市场风险等政治、经济、文化等各个方面。在我国供给侧改革和经济全球化的战略下,环境的动态特征越来越明显,在这种动态环境中,产业企业将面临从供给侧到需求侧的快速变动,消费者体验、使用偏好等需求和竞争者产品的不断更新会使从业企业不断更新自己的产品、提供更好的服务来进行市场竞争,提高产品质量或消费者服务体验。产业企业通过资源配置上的投入,改进技术或者提升服务来增加产品的竞争力,从而提高从业企业在动态环境中的竞争能力。因此,差异化的竞争战略本身强调产品创新或者服务差异化,能更加适合动态性高的竞争环境。而低成本战略强调的是企业在规模生产的基础上,通过有效途径降低经营过程中的成本,以较低的总成本来获得竞争战略优势,很明显,这种竞争战略不适合在高动态的环境下实施。因此,我们提出如下假设:

假设 H5:体育产业企业在动态性环境中实施低成本战略对企业绩效的正向影响逐渐减弱。

假设 H6:体育产业企业在动态性环境中实施差异化战略对企业绩效的正向影响逐渐增强。

假设 H7a:环境动态性在低成本竞争战略对企业绩效的影响中具有调节效应。

假设 H7b:环境动态性在差异化竞争战略对企业绩效的影响中具有调节效应。

体育产业上市公司除了内部因素对企业绩效有一定影响外，外部环境的变化对竞争战略与绩效的关系也会产生影响，环境竞争性是指企业及其竞争者的参与的竞争激烈程度，以及企业自身主要产业的变化引起的对企业威胁的程度等（郑兵云，2006）。主要包含两方面的内容：一是生产产品或者服务所需资源的稀缺程度；二是行业环境竞争激烈程度。在高竞争性环境中，由于竞争者数量的增多、竞争手段的多样、产业结构和边界的模糊，企业只能利用有效的资源来提高经营效率从而降低成本，而无力监视和生产消费者的需求变化；在低竞争性环境下，从业企业有更多的时间和资源来提供区别于其他竞争者的差异化产品。因此，在高竞争性的环境下，迫使从业企业提高效率，有效降低成本，实施低成本战略更实用；在低竞争性环境下，企业有更多的机会来提高产品或者服务的稀缺性，从而获取更高的利润，差异化战略更有利于企业参与市场竞争。

综上所述，我们提出如下假设：

H8：在高竞争性的环境中，低成本竞争战略与企业绩效的关系将增强。

H9：在高竞争性的环境中，差异化竞争战略与企业绩效的关系将减弱。

假设 H10a：环境竞争性在低成本竞争战略对企业绩效的影响中具有调节效应。

假设 H10b：环境竞争性在差异化竞争战略对企业绩效的影响中具有调节效应。

综上所述，本书分别从竞争战略类型与企业绩效差异，竞争战略对绩效短期、长期的影响，竞争战略与创新，创新与企业绩效，环境不确定性对竞争战略与企业绩效影响等方面，提出五大类共计 24 种研究假设。具体研究类别、假设内容、研究用途如表 5.1 所示。

表 5.1　研究假设汇总

研究类别	假设编号	假设内容	研究用途
竞争战略类型的绩效差异	H1a	低成本差异化战略的绩效明显好于低成本战略	评价体育产业竞争战略类型对绩效的影响
	H1b	低成本差异化战略的绩效明显好于差异化战略	
	H1c	低成本战略的绩效明显好于无战略	
	H1d	差异化战略的绩效明显好于无战略	
	H1e	低成本差异化战略的绩效明显好于无战略	
竞争战略对企业绩效短期、长期影响	H2a	体育产业上市公司采用低成本战略和差异化战略与公司短期绩效正相关	评价体育产业竞争战略短期、长期对企业绩效的影响
	H2b	体育产业上市公司采用低成本战略优于差异化战略对公司短期绩效的影响	
	H2c	竞争战略对企业绩效的影响具有持续性	
	H2d	体育产业上市公司采用差异化战略的长期绩效显著优于低成本战略	
竞争战略与创新	H3a	差异化战略对创新投入有正向影响	检验企业创新在竞争战略与企业绩效关系中的中介效应
	H3b	低成本战略对创新投入有正向影响	
	H3c	低成本差异化战略对创新投入有正向影响	
创新与企业绩效	H4a	企业创新投入对企业绩效提升具有正向影响	
	H4b	企业创新投入在低成本竞争战略与企业绩效之间具有中介作用	
	H4c	企业创新投入在差异化竞争战略与企业绩效之间具有中介作用	
	H4d	企业创新投入在低成本差异化竞争战略与企业绩效之间具有中介作用	
环境不确定性与企业绩效	H5	体育产业企业在动态性环境中实施低成本战略对企业绩效的正向影响逐渐减弱	检验环境不确定性在竞争战略与企业绩效关系中的调节效应
	H6	体育产业企业在动态性环境中实施差异化战略对企业绩效的正向影响逐渐增强	
	H7a	环境动态性在低成本竞争战略对企业绩效的影响中具有调节效应	
	H7b	环境动态性在差异化竞争战略对企业绩效的影响中具有调节效应	
	H8	在高竞争性的环境中，低成本竞争战略与企业绩效的关系将增强	

续表

研究类别	假设编号	假设内容	研究用途
环境不确定性与企业绩效	H9	在高竞争性的环境中，差异化竞争战略与企业绩效的关系将减弱	检验环境不确定性在竞争战略与企业绩效关系中的调节效应
	H10a	环境竞争性在低成本竞争战略对企业绩效的影响中具有调节效应	
	H10b	环境竞争性在差异化竞争战略对企业绩效的影响中具有调节效应	

5.1.6 模型与研究假设汇总

本书试图探析我国体育产业上市公司基本竞争战略对企业绩效的影响机制，具体研究创新在低成本战略和差异化战略与企业绩效之间的关系中是否具有中介作用。另外，结合我国体育产业发展的现实背景，我们考虑了环境不确定性对体育产业的影响，引入了环境特征变量，主要考察在环境竞争性和动态性的条件下，我国体育产业上市公司竞争战略对企业绩效会有怎么样的影响。

5.2 实证检验设计

5.2.1 研究样本

为了保证实证研究的一致性，本章选取研究样本与第 3 章研究样本一致，以上海证券交易所、深圳证券交易所的体育类概念股为样本框，选择标准如下：①选择的体育类上市公司符合国家体育产业统计分类的相关规定；②上市公司经营范围包含体育产品以及服务；③公司年报发

布全面无遗漏，无重大财务纰漏；④上市公司没有被 ST、SST、S*ST 及
PT；⑤体育概念整体覆盖全面并具有一定代表性。在此基础上最终选择
了中体产业、西藏旅游、信隆健康、探路者、青岛双星、北巴传媒、莱
茵体育、贵人鸟、双象股份、华录百纳、雷曼股份、浙报传媒、江苏舜
天、新华都、粤传媒、上港集团、嘉麟杰、亚泰集团、国旅联合、互动
娱乐 20 家上市公司。本书所选研究对象的财务数据为 2008~2017 年季度
数据，共 800 份面板数据。所有上市公司数据均来自锐思金融数据库和
国泰安数据库。

5.2.2　变量测量

根据上述研究假设，结合我国体育产业发展现状和数据的可获得性，
本书选取了如下变量构建竞争战略与企业绩效影响机制研究模型，具体
变量定义如下。

5.2.2.1　竞争战略

根据研究需要，我们把竞争战略变量分成两部分，分别运用于竞争
战略的识别、绩效差异研究和竞争战略对企业绩效的影响机制研究。

在不同竞争战略类型的绩效差异分析中，本书主要研究不同竞争战
略模式对企业绩效的影响差异，所以，此部分采用基于改进的 Palepu 假
设的识别指标对我国体育产业上市公司竞争战略识别结果，把竞争战略
分成低成本竞争战略组、差异化竞争战略组、低成本差异化竞争战略组
和无战略组，用于检验 H1a~H1e 的研究假设。

在体育产业上市公司竞争战略对企业绩效的影响机制部分，主要想
深入探讨竞争战略与企业绩效的关系中，企业创新是否具有中介作用以
及环境的不确定性对二者关系的调节作用。参考 Little 等（2009）、林芳
强（2017）等的做法。选用经营资产周转率代表低成本竞争战略因子
（lowcost），以经营性营业利润率作为差异化竞争战略因子（differ），来刻

画波特两种基本竞争战略类型对企业绩效的影响轨迹，用于检验研究假设 H2~H10。

5.2.2.2　企业绩效的测量

对于企业绩效的衡量，目前学界主要采用市净率（P/B）、托宾 Q 值等非财务绩效指标和资产收益率（ROA）、投资回报率（ROI）、净资产收益率（ROE）等财务绩效指标，两种衡量指标比较而言，财务指标相对容易获取数据，使用较广，财务指标评价在企业绩效评价中具有基础地位。考虑到企业实施竞争战略的目的是利用资产获取超额利润，因此，我们采用绝大多数学者的做法，考虑到综合性的财务指标更能准确反映竞争战略对绩效的影响，结合前面竞争战略识别的分析，拟采用和体育产业上市公司经营活动紧密相关的经营资产收益率（ROA）作为绩效的衡量指标。

总资产收益率（ROTA），是衡量企业收益能力的指标之一，总资产收益率的高低直接反映了公司的竞争实力和发展能力，该指标表示企业全部资产的收益水平，综合反映了企业的投入产出状况及盈利水平。在考核企业利润目标的实现情况时，投资者往往关注与投入资产相关的报酬实现效果，并经常结合每股收益（EPS）及净资产收益率（ROE）等指标进行判断。实际上，总资产收益率（ROTA）是一个更为有效的指标。

5.2.2.3　创新的测量

目前对于创新的测度，国内外研究者主要采用三种研究方法：一是用 R&D 值与销售收入的比值作为上市公司创新投入的度量指标，也就是"开发支出"借方发生额比上营业收入（张娟：《内部控制、技术创新和公司业绩》）；二是用无形资产衡量，在上市公司的年报中，无形资产包括了公司已经实现的先进技术、商标权、专利权和特许权等，代表市场上认可的公司技术创新产出品；三是采用上市公司申请和获批的专利数量来衡量其创新投入。由于我国体育产业上市公司在年报中不公布研发费用，且企业的专利数量也很难获取，同时企业的创新对绩效的影响是多方面的，特别是对于体育产业而言，除了研发投入以外，还有商标权、特许权等其他影响因素会对创新有所影响。而这些特性具有长期性和连续性的特点，具有积累效应，很难短时间衡量。另外，企业的研发投入越大，形成的无形资产越多，因此在这三种度量方法中，我们采用能反映企业各种技术存量累积的无形资产作为创新投入的衡量指标，主要用于检验 H4a~H4b 等研究假设。

5.2.2.4　调节变量

环境动态性，对于环境动态性的度量，参照 Bradley 以及陈收等的做法，运用标准化的行业销售收入增长率的波动性来衡量行业环境的动态性，具体计量方法为：首先运用 OLS（普通最小二乘法）对行业某一时期进行回归，得到相对于时间哑变量的回归系数的标准差，然后除以行业过去 n 年销售收入的平均值来代表行业环境动态性。对行业 i，回归方程为：$y_{it} = \alpha_i + \beta_i t + \varepsilon_{it}$，式中，$y_{it}$ 代表 i 行业第 t 年的销售总收入对数，t 表示时间变量，则行业 i 的动态性 $D_{it} = \dfrac{Std}{\overline{y_{it}}}$，式中，Std 为回归系数 β_i 的标准差，$\overline{y_{it}}$ 为 i 行业第 t 年的销售收入平均值。

环境竞争性，目前学界对环境竞争性的度量主要采用赫芬达尔—赫希曼指数（Herfindahl–Hirschman Index，HHI）来计量，它是指一个行业中各市场竞争主体所占行业总收入或总资产百分比的平方和，用来计量市场份额的变化，其表达式为：$HHI = \sum\limits_{i=1}^{N}(X_i / X)^2 = \sum\limits_{i=1}^{N} S_i^2$，式中，X 表示市场总规模，$X_i$ 代表 i 企业的规模，S_i 表示第 i 个企业的收入占行业总收入的比值。本书借鉴姜付秀等、潘志强等人的做法，环境的竞争性用赫芬达尔—赫希曼指数的倒数（JZX=1/HHI）来衡量。如果 HHI 指数越小，那么市场竞争越大，该行业企业面临的环境竞争性就越强。

5.2.2.5　控制变量

为了能够更加准确地反映竞争战略与企业绩效影响的机制，保证解释模型能够更加贴近企业生产经营实际情况，在结合相关前期研究成果的基础上，我们在回归模型中选择总资产规模（size）、资产负债率（LEV）作为控制变量，许多研究表明，上市公司总资产与资源获取和技术积累有紧密联系，这可能会影响到企业的创新和企业的价值。取上市公司总资产的自然对数进行衡量。资产负债率（LEV）是期末负债总额除以资产总额的百分比，也就是负债总额与资产总额的比例关系，其反映了债权人向企业提供信贷资金的风险程度，也反映了企业举债经营的能力。这些变量对企业绩效具有一定影响，必须加以控制。变量定义及计算公式如表 5.2 所示。

表 5.2　变量定义及计算公式

变量类别	变量代码	变量名称	计算公式
企业绩效	ROA	资产收益率	总资产报酬率 = (利润总额 + 利息支出) / 总资产
	ROE	净资产收益率	经营性营业利润/股东权益
竞争战略	TOAE	经营资产周转率	
	OPOE	经营性营业利润率	
企业创新	WX	研发无形资产占收入比	
环境变量	DT	环境动态性	营业收入相对年份回归后的标准差/行业收入均值
	JZ	环境竞争性	市场竞争主体所占行业总收入或总资产百分比的平方和
控制变量	size	资产规模	企业规模 = LOG（总资产）
	LEV	资产负债率	期末负债总额/资产总额

5.3　体育产业上市公司竞争战略的影响要素分析

首先以第 3 章我国体育产业上市公司竞争战略识别结果为基础，把企业实施的竞争战略分成低成本、差异化、低成本差异化、无战略四类战略类型，在此基础上进行两两战略比较，构建 Logistics 回归模型，实证研究竞争战略在企业绩效、资本结构、企业创新投入等要素上的影响差异。

5.3.1　实证模型设定

本书主要从体育产业上市公司的企业绩效、经营管理方式、资本结构、创新投入等方面来度量竞争战略影响要素差异，构建多项 Logit 回归模型，进行回归分析，主要通过不同竞争战略类型自变量的两两比较，从而找出不同竞争战略类型变量的差异。

研究模型如下：

$$\ln\left(\frac{p_k}{1-p_k}\right) = \alpha + \beta_k x_k$$

其中，x_k 表示实施某一类竞争战略的上市公司自变量值，包括了总资产收益率（ROTA），净资产收益率（ROE），销售费用占营收比率（GFZSRB），管理费用占营收比率（XSZYSB），无形资产（SIZE），资产负债率（LEV）等变量。

$p_k = p(y_i = 1 | x_k)$ 代表在自变量为 x_k 时，与实施竞争战略 i 的上市公司相比较，公司实施竞争战略 j 的概率。$1-p_k$ 则表示不实施战略 j 的条件概率。β_k 代表回归系数，如果 $\beta_k > 0$，则说明上市公司实施竞争战略 j 在 x_k 上被识别的概率大于实施竞争战略 i，如果 $\beta_k < 0$，则说明上市公司竞争战略 i 在 x_k 上被识别的概率大于实施竞争战略 j。

因此，根据前文体育产业上市公司的竞争战略的识别类型，我们把实施竞争战略 i，j 的战略组对比可以分为 ｛无战略 VS 低成本战略｝、｛无战略 VS 差异化战略｝、｛无战略 VS 低成本差异化战略｝、｛低成本战略 VS 差异化战略｝、｛低成本战略 VS 低成本差异化战略｝、｛差异化战略 VS 低成本差异化战略｝6 个对比模型。

5.3.2 实证结果

5.3.2.1 描述性统计

为了更好地反映竞争战略影响要素，我们对竞争战略进行了无量纲化处理，处理后对 2010~2017 年体育产业上市公司竞争战略要素的最大值、最小值、平均值和标准差进行描述性统计，其结果如表 5.3 所示。

表 5.3　体育产业上市公司战略影响要素自变量描述性统计结果

变量	参数	2010 年	2011 年	2012 年	2013 年	2014 年	2015 年	2016 年	2017 年
净资产收益率	均值	1.9737	1.7979	1.3935	1.3714	0.5408	−0.0133	0.3376	0.5986
	标准差	1.7509	2.0813	1.6524	1.8058	2.4222	2.6858	1.5520	1.1767
	最大值	6.3983	7.3246	6.7559	5.2956	3.8864	3.0574	1.8839	3.4777
	最小值	0.2275	−2.0652	−2.0619	−3.7546	−9.3419	−9.0617	−5.2759	−2.8332
总资产收益率	均值	1.6025	1.5935	1.3463	1.3398	0.7250	0.3098	0.4221	0.6611
	标准差	1.2884	1.7786	1.5273	1.4467	1.8933	1.8127	1.4916	1.2329
	最大值	4.8310	5.8048	5.6844	4.4343	4.3659	3.0091	3.0091	4.7899
	最小值	0.0109	−1.4854	−1.3213	−1.9039	−6.1987	−3.4030	−4.8829	−1.6741
管理费用占营收比	均值	0.7228	0.7939	0.8422	0.9226	1.0896	1.5073	1.1139	1.0078
	标准差	0.5585	0.6955	0.7272	0.9289	1.4173	2.0151	1.2387	1.0421
	最大值	2.6062	3.5883	3.3527	4.4986	6.6215	9.1958	4.8845	4.9911
	最小值	0.2180	0.2093	0.2043	0.2012	0.1703	0.1897	0.1779	0.0016
销售费用占营收比	均值	0.8021	0.8182	0.8409	0.9507	0.9638	1.3353	0.9464	1.3426
	标准差	0.8096	0.9383	0.8866	1.2211	1.2727	1.9401	0.9823	2.7016
	最大值	3.5680	4.5702	4.2732	5.9870	6.1498	8.0915	4.2473	13.0896
	最小值	0.0028	0.0025	0.0019	0.0019	0.0011	0.0036	0.0119	0.0018
无形资产	均值	0.5444	0.9596	0.9909	1.0555	1.0748	1.0827	1.1116	1.1805
	标准差	1.8400	3.5310	3.4186	3.6031	3.5449	3.5349	3.5705	3.6016
	最大值	8.7052	16.6968	16.0951	16.8943	16.5844	16.5226	16.6996	16.8217
	最小值	0.0002	0.0017	0.0007	0.0002	0.0001	0.0000	0.0000	0.0016

变量	参数	2010 年	2011 年	2012 年	2013 年	2014 年	2015 年	2016 年	2017 年
资产负债率	均值	0.9681	0.9727	1.0219	0.9850	1.0044	0.9883	0.9916	1.0679
	标准差	0.4439	0.3834	0.4176	0.4278	0.5047	0.4966	0.4669	0.4354
	最大值	1.5278	1.6470	1.8729	1.7603	1.9203	1.8352	1.7785	1.7389
	最小值	0.1984	0.2326	0.2749	0.2178	0.1957	0.2660	0.2539	0.3117

从统计结果来看，体育产业上市公司净资产收益率和总资产收益率前期表现平稳，在 2014 年以后波动范围较大。管理费用占营收比、销售费用占营收比、无形资产和资产负债率均值与标准差变化不大。

在描述性统计分析的基础上，我们进一步对 6 个变量进行了斯皮尔曼相关性分析，具体结果如表 5.4 所示。

表 5.4　战略影响要素斯皮尔曼相关性分析

总资产收益率	总资产收益率	净资产收益率	销售费用占营收比	管理费用占营收比	无形资产	资产负债率
	1.0000					
净资产收益率	0.9269	1.0000				
	0.0000					
销售费用占营收比	−0.2068	−0.2481	1.0000			
	0.0072	0.0012				
管理费用占营收比	−0.3782	−0.4042	0.6717	1.0000		
	0.0000	0.0000	0.0000			
无形资产	0.2574	0.2993	−0.0141	−0.1028	1.0000	
	0.0008	0.0001	0.8559	0.1850		
资产负债率	−0.2422	−0.1542	0.0178	0.0108	0.1469	1.0000
	0.0016	0.0460	0.8185	0.8897	0.0574	

注：***、**、* 分别表示在双尾检验下 $p < 0.01$、$p < 0.05$、$p < 0.1$ 的显著性水平。

由表 5.4 可知，总资产收益率 ROTA 与经营管理方式和资本结构的相关系数为负，表明它们存在负相关关系，与无形资产系数为正，表明总资产收益率与无形资产具有正相关关系，且所有的相关性都具有显著性。净资产收益率和总资产收益率类似，与其他变量的关系和显著性都与总资产收益率一致。管理费用占营收比和销售费用占营收比与无形资产相关系数为负，与其他变量系数为正，且与资产负债率和无形资产投入不具有显著性。资产负债率与无形资产具有显著的正相关关系，说明了负债比率越高，无形资产积累越多。

表 5.5　体育产业上市公司不同竞争战略要素的 Logit 回归分析

自变量模型	（1）无战略 VS 低成本战略	（2）无战略 VS 差异化战略	（3）低成本战略 VS 差异化战略	（4）差异化战略 VS 低成本差异化战略	（5）低成本战略 VS 低成本差异化战略
总资产收益率	0.4697* (0.2642)	0.4697* (0.2642)	0.8550 (1.7519)	0.3457* (0.3593)	3.6409** (1.4711)
销售费用占营收比	−6.8978** (2.9684)	−6.8978** (2.9684)	83.8563*** (24.1277)	16.9755** (7.7857)	8.4875 (12.7292)
管理费用占营收比	3.1722 (2.7579)	3.1722 (2.7579)	−15.6339 (14.4967)	−29.1971*** (10.3288)	232.3108*** (81.0997)
资产负债率	1.5676*** (0.4300)	1.5676*** (0.4300)	−3.0265* (1.7519)	1.2085** (0.5897)	−0.0930 (4.1538)
无形资产	−0.2496 (0.1576)	−0.2496 (0.1576)	−0.6709 (0.4016)	0.1813* (0.1224)	−0.6653* (0.4024)
常数项	−3.2629 (1.9872)	−3.2629 (1.9872)	13.7214 (8.4686)	−5.5015 (2.7613)	−9.6336 (18.0996)
R^2	0.4531	0.4531	0.7322	0.2480	0.7880

注：***、**、* 分别表示在双尾检验下 $p < 0.01$、$p < 0.05$、$p < 0.1$ 的显著性水平。

从表 5.5 中可知，总资产收益率的回归系数都大于 0，除了低成本竞争战略和差异化竞争战略不显著以外，其他竞争战略之间在 10% 水平上具有显著性差异，即低成本战略和差异化战略都优于无战略，而低成本差异化战略又优于低成本战略和差异化战略，因此，低成本差异化竞争战略的 ROTA 表现最好，低成本战略和差异化战略次之，无战略表现最差。

对于实施低成本竞争战略和差异化竞争战略的企业绩效差异不具有显著性差异，说明从整体看，体育产业上市公司不论实施低成本战略还是实施差异化战略，在财务绩效上的表现相当。但整体绩效表现相当不代表低成本竞争战略和差异化竞争战略短期和长期对体育产业上市公司的影响是一致的，这种情况第 6 章会进一步深入讨论。

对于销售费用占营收比和管理费用占营收比而言，模型（1）、模型（2）的回归系数为正且具有显著性差异，表明无战略营销水平相对较低，绩效表现最差。模型（3）低成本战略和差异化战略在销售费用占营收比中具有显著性差异，表明低成本战略一方面严控管理成本，另一方面为了加快市场周转，采用薄利多销的策略，从而使两种战略在销售费用占营收比中在 1% 的水平上具有显著性差异。

对于资产负债率而言，模型（2）差异化战略对于无战略回归系数为正且具有显著性差异；模型（3）低成本战略对差异化战略回归系数为负且在 10% 的水平上具有显著性差异；模型（4）差异化战略对低成本差异化战略回归系数为正且在 5% 的水平上具有显著性差异；模型（5）低成本战略对低成本差异化战略不具有显著性差异，表明了实施差异化竞争战略的企业具更倾向于资本融资。

对于无形资产占收入比而言，模型（3）差异化战略对低成本战略回归系数为负且具有显著性差异，表明实施差异化竞争战略企业比实施低成本竞争战略企业在研发的投入上更具有积极性。模型（4）差异化竞争战略对低成本竞争战略回归系数为正且具有显著性差异，表明低成本差异化竞争战略比差异化竞争战略在创新方面的需求更强烈。模型（5）表明低成本差异化竞争战略比低成本战略更注重创新。

5.3.3　各种战略模式影响要素差异比较

从上述实证研究可以得出四种不同的竞争战略在企业绩效、经营管理方式、企业资本结构和创新投入中的表现，结果如表 5.6 所示。

表5.6 体育产业上市公司竞争战略要素差异比较

战略分类	企业绩效	经营管理方式		资本结构	创新投入
	总资产收益率	销售费用占营收比	管理费用占营收比	资产负债率	无形资产
无战略	差	最少	最多	最高	最少
低成本竞争战略	中	较少	较少	较低	较少
差异化竞争战略	良	较多	较多	较高	最大
低成本差异化竞争战略	优	最多	最少	最低	较大

（1）从体育产业上市公司采用不同竞争战略在绩效上的表现看，低成本差异化竞争战略绩效＞低成本竞争战略绩效；低成本差异化竞争战略绩效＞差异化竞争战略绩效；低成本竞争战略绩效＞差异化竞争战略绩效；低成本竞争战略绩效＞无战略绩效；差异化竞争战略绩效＞无战略绩效。可以推导出低成本差异化竞争战略绩效＞低成本竞争战略绩效＞差异化竞争战略绩效＞无战略绩效。就体育产业上市公司采用不同的竞争战略在绩效上的表现看，低成本差异化竞争战略绩效最优，低成本竞争战略次之，差异化竞争战略表现一般，无战略绩效表现最差。

（2）在销售费用占营收比上，无战略投入最少，低成本竞争战略投入次之，差异化竞争战略投入较多，低成本差异化竞争战略投入最多。

（3）对于管理费用而言，无战略投入最多，差异化竞争战略次之，低成本竞争战略占比更小，低成本差异化竞争战略投入最小。

（4）在资产负债率方面，采用无战略的上市公司负债率最大，差异化竞争战略次之，低成本差异化第三，低成本战略资产负债率最低。

（5）在无形资产的投入上，差异化竞争战略投入最大，低成本差异化竞争战略次之，低成本竞争战略相对较小，无战略在无形资产的投入上最小。

5.4 竞争战略对体育产业上市公司绩效影响的实证研究

上两章分别运用了问卷调查法和 Logit 多元回归模型，从企业管理者视角和企业财务视角实证分析了四种竞争战略对企业绩效、经营管理方式、资本结构和创新投入的影响差异。其结果揭示了体育产业上市公司竞争战略在前述影响因素中的差异实质上表现为低成本竞争战略和差异化竞争战略的根源性"冲突"，而低成本差异化竞争战略则是这两种战略的优化组合，无战略则是低成本竞争战略和差异化竞争战略的无序状态。

然而，仅仅分析体育产业上市公司竞争战略的影响因素是不够的。对于体育产业公司我们更想了解以下问题：竞争战略对企业绩效的影响具有直接效应还是间接效应？如果具有间接效应，是什么中介变量促使了这种间接效应？并且中国体育产业发展迅速，市场环境多变，战略—环境模式是否会影响竞争战略对企业绩效的强度和方向？这些都是需要我们进一步探讨的问题，对体育产业上市公司竞争战略与企业绩效影响机制研究至关重要。鉴于低成本竞争战略和差异化竞争战略的代表性，本章将在前面理论分析和已有实证基础上，进一步分析体育产业上市公司竞争战略对企业绩效的影响机理，旨在挖掘体育产业上市公司竞争战略是如何影响企业绩效的。

5.4.1 实证模型设定

本书采用多元回归模型来检验竞争战略对企业短期绩效的影响，模型如下：

$$PF_{i,t} = \alpha + \beta_1 \, lowcost_{it} + \beta_2 \, differ_{it} + \beta_3 \, size_{it} + \varepsilon_{it}$$

其中，t = 1，2，3，…，t 表示年份，i 代表第 i 家上市公司，PF 表示净资产收益率用于衡量公司绩效，计算时进行标准化处理；lowcost 表示低成本战略因子的得分；differ 表示差异化战略因子的得分；size 表示公司规模，ε 表示误差。

由于企业的价值建立在长期企业绩效水平之上，本书更加关注的是企业实施的竞争战略对其长期绩效的影响。因此，我们采用滞后变量模型来检验竞争战略对企业长期绩效的影响，模型如下：

$$PF_{i,t} = \alpha + \beta_0 \times PF_{i,t-j} + \beta_1 \, lowcost_{i,t-j} + \beta_2 \, differ_{i,t-j} + \beta_3 \, size_{it} + \varepsilon_{it}$$

其中，下标 j 等于 1、2 分别表示相对于当期滞后 1 年、滞后 2 年的变量；PF 作为滞后的解释变量，同样滞后期为 1 年、2 年。

5.4.2 实证结果分析

由于我们是利用体育产业上市公司的面板数据进行研究，有可能在模型设定上存在参数估计偏差，因此有必要对模型进行检验。通常对面板数据模型设定的检验有两种，一是通过固定效应模型进行检验，另一种是通过随机效应模型检验，而具体要选择哪种模型，首先需要通过 Hausman 检验来进行判定选择。对竞争战略与长期绩效和短期绩效的模型作 Hausman 检验的结果如下。

5.4.2.1 体育产业竞争战略与短期绩效的关系

我们以 2015 年为体育产业上市公司季度财务数据为分析基准，以低成本因子和差异化因子的标准得分为自变量，以 Ln 总资产作为控制变量，以净资产收益率作为因变量的模型结果如表 5.7 所示：

表 5.7　竞争战略与短期绩效的 Hausman 检验结果

模型	Hausman 值	自由度	概率值
1	10.06	2	0.0065***

注：*** 表示在 1% 的水平上显著。

根据 Hausman 检验可知，模型拒绝了原假设，所以应该采用固定效应模型。

表 5.8　竞争战略与短期绩效的回归模型结果

解释变量	系数	Z 值	Sig.	R²
lowcost	0.705615	2.75	0.008***	
differ	0.2308218	2.80	0.007***	0.1785
Ln 总资产	1.14e−09	2.04	0.045**	

注：***、** 分别表示在 1%和 10%的水平上显著。

从表 5.8 中可知，低成本因子和差异化因子对体育产业上市公司绩效回归系数都为正，并且在 1%的水平上显著。说明两种竞争战略对产业上市公司都有影响，本书提出的假设 1 得到支持。但低成本战略因子回归系数比差异化战略因子的回归系数要大，表明低成本战略因子每增加一个当量对上市公司绩效的提高比差异化因子每增加一个当量对上市公司绩效的提高要大。说明从短期影响看，体育产业上市公司采用低成本战略比采用差异化战略更能提升公司绩效，假设 2 成立。

5.4.2.2　体育产业竞争战略与长期绩效的关系

竞争战略长期持续正向的影响可以使公司的盈利能力得到持续的提升，从而使竞争优势更加明显。因此，我们更加关注体育产业上市公司采取低成本战略和差异化战略对公司长期收益的影响是否可以持续。我们以 2010~2015 年体育产业上市公司低成本因子和差异化因子的标准得分为自变量，以 Ln 总资产作为控制变量，以净资产收益率作为因变量的模型结果如表 5.9 所示。

表 5.9　竞争战略与长期绩效 Hausman 检验结果

模型	Hausman 值	自由度	概率值
1	1.42	2	0.7003

根据 Hausman 检验可知，模型没有拒绝原假设，所以应该采用随机效应模型。

表 5.10 竞争战略与长期绩效的回归模型结果

解释变量	系数	Z 值	Sig.	R²
lowcost	0.138274	1.30	0.193	
differ	0.374229	1.85	0.065*	0.2003
Ln 总资产	7.491967	10.42	0.000***	

注：***、** 分别表示在1%和10%的水平上显著。

从表 5.10 中可以得出，低成本因子在竞争战略与长期绩效影响中不显著，而差异化因子在 10%的水平上显著。这表明低成本战略在保持体育产业上市公司的竞争优势上不可以持续，差异化战略在保持体育产业上市公司的竞争优势上可以持续，说明本书假设 3 在体育产业上市公司竞争战略为差异化竞争战略时成立。在体育产业上市公司长期的战略影响上，差异化战略对体育产业上市公司的竞争影响要远优于低成本战略，本书假设 4 成立。

5.4.3 结果分析

5.4.3.1 低成本战略对企业绩效的影响分析

从实证研究来看，对我国体育产业上市公司短期的竞争战略首选是低成本战略。同时我们也应该注意到低成本战略虽然能够短期促进企业绩效的增长，但从长期来看却不能促进企业绩效的增长。分析如下：

（1）低成本战略对短期绩效的影响分析。体育类上市公司主要是从以下两个方面获得低成本竞争优势：一是资源优势，这和其他新兴产业一样，具有廉价劳动力和原材料成本低的优势。二是规模经济，随着体育产业市场的不断发展，行业分工越来越细，从业人员技术熟练度越来越高，产生规模经济，从而在竞争中建立优势。

（2）低成本战略对长期绩效的影响分析。首先从长时间看，影响体育产业企业成本的因素是多方面的，比如市场环境、政策制度、地理位置等因素，企业很难建立低成本战略的核心能力。其次，体育类上市公司在市场前期比如广告、赛事 IP、设施建设等方面投入较高，企业可以短时间内压缩成本，但随着市场不断完善，消费者需求更加多元化，在注重产品质量的同时也注重产品的服务，这就要求企业必须投入更多的资源去开拓市场，改善服务，从而吸引消费者，因此企业低成本优势不能持久。最后，《体育产业发展"十三五"规划》也明确指出了要坚持创新驱动，提升产业能级，而低成本战略的重点在成本控制，并非技术创新。这也与鲍新中（2014）等的研究观点一致，在低成本战略下，创新研发对企业业绩影响十分微弱。而目前我国体育产业不论从政策层面还是市场层面都需要创新驱动、产业升级，因此这也是低成本战略对体育类上市公司长期绩效影响不显著的可能原因。

5.4.3.2　差异化战略对企业绩效的影响分析

差异化战略对企业短期绩效和长期绩效都有显著影响，因为实施差异化战略的企业所提供的产品或服务更能吸引消费者，提高消费者的产品忠诚度。在产品差异化的影响下，消费者可能更加注重产品或者服务体验，对产品或者服务的价格敏感度下降。随着消费者生活水平的提高和市场的不断发展，消费者对产品或者服务会提出更高的体验要求。因此，差异化战略对短期绩效和长期绩效都有显著影响，长期来看，差异化竞争战略对体育产业上市公司更加具有持续竞争优势。

5.4.4　结论

如何以上市公司的客观数据来实证研究体育产业上市公司竞争战略对企业绩效的短期、长期影响，本书做了一个初步尝试。基于 20 家体育产业上市公司 2010~2015 年公司的季度财务数据，运用验证性因子分析识别了产业上市公司的竞争战略类型。然后运用多元回归和面板数据检验了两种竞争战略与企业绩效的关系。结果表明：

（1）从短期影响看，低成本战略和差异化战略都能给体育产业上市公司带来绩效增长，从而增加企业的竞争优势。

（2）在短期影响中，体育产业上市公司实施低成本战略所带来的绩效增长要高于实施差异化战略的公司。

（3）从长期影响看，低成本竞争战略对体育产业上市公司绩效没有显著影响，差异化竞争战略对体育产业上市公司绩效有显著影响，从而增加了体育产业上市公司的竞争优势。

（4）在长期影响中，差异化战略对长期绩效的影响更大、更持久。可能由于人们生活水平提高，对体育产品的消费更加注重品质，因此差异化的战略影响更大。

5.5 创新投入对竞争战略与企业绩效关系的中介效应

5.5.1 研究模型设定

根据上述研究假设，竞争战略对企业绩效具有直接影响，企业创新投入在竞争战略对绩效的影响中具有中介效应，模型研究框架构建如下：

关于创新投入在竞争战略对企业绩效影响的中介作用，一般采用结构方程模型和回归分析来进行验证，具体步骤如下：

首先，用企业绩效对竞争战略进行回归分析，得出战略的系数，验证中介效应是否存在，表达式如下：

$$\mathrm{ROA}_{i,t} = \alpha_1 + c_1 \mathrm{lowcost}_{i,t} + c_2 \mathrm{differ}_{i,t} + c_3 \mathrm{size}_{i,t} + \varepsilon_{i,t}$$

其次，用企业的创新投入作为被解释变量，对竞争战略进行回归分析，得出回归系数 β_1，β_2，表达式如下：

$$\mathrm{R\&D}_{i,t} = \alpha_2 + \beta_1 \mathrm{lowcost}_{i,t} + \beta_2 \mathrm{differ}_{i,t} + \beta_3 \mathrm{size}_{i,t} + \varepsilon_{i,t}$$

最后，用企业绩效对竞争战略和创新投入进行回归，得到新的竞争战略和创新投入的回归系数 c_1'，c_2'，c_4'，表达式如下：

$$\mathrm{ROA}_{i,t} = \alpha_2 + c_1' \mathrm{lowcost}_{i,t} + c_2' \mathrm{differ}_{i,t} + c_3' \mathrm{size}_{i,t} + c_4' \mathrm{R\&D}_{i,t} + \varepsilon_{i,t}$$

其中，$\mathrm{ROA}_{i,t}$ 代表第 i 家企业在第 t 期的企业绩效，α_1，α_2 表示常数项，$\mathrm{lowcost}_{i,t}$ 代表第 i 家企业在第 t 期低成本战略，$\mathrm{differ}_{i,t}$ 代表第 i 家企业在第 t 期差异化战略。$\mathrm{size}_{i,t}$ 代表企业规模，$\varepsilon_{i,t}$ 代表误差项，$\mathrm{R\&D}_{i,t}$ 代表第 i 家企业在第 t 期的创新投入。c_1，c_2，c_3，β_1，β_2，β_3，c_1'，c_2'，c_3'，c_4' 分别表示每个变量的回归系数。

在成本领先战略中，如果某公司该战略变量 c_1，β_1，c_1'，c_4' 的回归系数都显著，且 $c_1' < c_1$，说明创新投入在低成本竞争战略对企业绩效的影响中具有部分中介作用；如果 c_1，β_1 回归系数显著，且 c_4' 回归系数显著，但 c_1' 不显著，那么说明创新投入在低成本竞争战略与企业绩效中具有完全中介效应。

在差异化战略中，如果某公司该战略变量 c_2，β_2，c_2'，c_4' 的回归系数都显著，且 $c_2' < c_4$，说明创新投入在差异化战略对企业绩效的影响中具有部分中介效应；如果 c_2，β_2 回归系数显著，且 c_4' 回归系数显著，但 c_2' 不显著，那么说明创新投入在差异化竞争战略与企业绩效中具有完全中介效应。

如果都不满足上述任何一种假设情况，则说明创新投入在竞争战略对企业绩效的影响中没有中介效应。

5.5.2 创新投入中介效应回归结果分析

表 5.11 创新投入中介效应回归结果

自变量 因变量	第一步	第二步	第三步
	资产收益率（ROA）	创新投入（R&D）	资产收益率（ROA）
常数项	70.20713 (3.21)	0.6341974 (1.19)	64.37862 (3.00)
低成本战略因子	−1.510113 (−0.43)	−0.1733152** (−2.03)	−0.141936 (−0.04)
差异化战略因子	33.53304*** (7.59)	0.786751*** (−6.90)	30.41907*** (8.12)
资产规模	−5.054281*** (−3.15)	−0.0214282 (−0.56)	−4.833753*** (−3.08)
创新投入			8.603123*** (2.78)
R^2	0.3464	0.0781	0.4129
F 值	25.44	53.69	21.90
Pro > F	0.000	0.0000	0.0000

注：***、**、* 分别表示在 1%、5% 和 10% 的水平上显著。

研究假设低成本竞争战略和差异化竞争战略对上市公司创新投入有正向影响，由表 5.11 可知，低成本竞争战略对创新投入的系数是 −0.1733152，是负值，说明低成本战略与创新投入呈负相关，表明低成本竞争战略对创新投入没有正向影响，假设 H3a 不成立。差异化战略对创新投入的系数是 0.786751，是正值，且 P 值在 1% 的水平上显著，说明差异化竞争战略对创新投入有显著性影响。假设 H3b 成立。

体育产业上市公司低成本竞争战略对创新没有正向影响的原因可能是：首先，实施低成本竞争战略的上市公司在对企业产品或者服务成本的控制上不是以创新为主要手段。因为一般来讲，创新需要一定的周期，其创新的作用具有一定滞后性，目前我国体育产业，还处在发展的初级阶段，市场竞争相对比较激烈，这就要求企业应采用更快、更直接的成本管理方式来控制成本，提升绩效。其次，由于体育产业的行业特征，绝大部分公司在年报中都没有报告创新的投入，我们只能用无形资产来替代，因此对于创新投入度量的精度，可能会出现误差。

从创新投入中介效应分析中的第三步可知，创新投入对企业绩效的系数是 8.603123，且 P 值在 1% 的水平上显著，说明体育产业上市公司创新投入对企业绩效具有正向影响，假设 H4a 成立。

由表 5.11 可知，低成本战略在回归分析的第一步、第三步中回归系数为负数，且低成本战略对上市公司企业绩效的直接效应大于其对企业绩效的总效应（−0.141936 > −1.510113），在第二步中，低成本竞争战略对创新投入的回归系数也为负数，说明低成本战略不能对创新投入有正向影响，表明企业创新投入在低成本战略对企业绩效的影响中具有中介效应不成立，因此假设 H4b 不成立。

在创新投入在差异化竞争战略对企业绩效的影响中，每一步的回归系数为正数且 P 值都非常显著，第三步的系数小于第一步的系数（30.41907 < 33.53304），在创新投入对绩效的影响中，系数为 8.603123，且 P 值非常显著，说明创新投入在差异化竞争战略对企业绩效的影响中具有中介效应，假设 H4c 成立。

5.6 环境不确定性对体育产业上市公司竞争战略与公司绩效关系的调节效应

战略与环境的匹配很大程度上决定了组织绩效的情况（Mintzberg），环境特征调节了竞争战略与企业绩效的关系边界条件，即处于不同的环境特征，组织战略和绩效的关系是不同的（陈兵，2012）。在我国体育产业高速发展的大背景下，体育产业上市公司面对的外部环境变幻莫测。公司必须采用相应的竞争战略来适应外部环境的不断变化，只有竞争战略与环境相匹配才能给企业带来持续竞争优势。考虑到环境不同维度对竞争战略绩效的关系会有不同的影响，本章将分别检验环境动态性（DY）和环境竞争性（JZ）在竞争战略与绩效关系中的调节效应。

5.6.1 研究设计

5.6.1.1 变量定义

（1）企业绩效的测量。对于企业绩效的衡量，目前学界多用托宾 Q 值、净资产收益率（ROE）、市净率（P/B）以及资产收益率（ROA）等方式衡量。考虑到在动态性和竞争性的影响下，要能够充分反映企业的经济效益和经营业绩，我们采用绝大多数学者的做法，运用资产收益率（ROA）来反映企业绩效。

（2）控制变量。为了更好地保证计量的准确性和稳健性，在结合前人研究的基础上，我们选择总资产规模（size）、资产负债率（LEV）等作为控制变量，这些变量与市场的动态性和竞争性有紧密联系，这可能会影响到企业的绩效和企业的价值。如表 5.12 所示。

表 5.12　变量定义

变量类型	变量名称	变量符号	变量定义及说明
因变量	资产收益率	ROA	资产收益率=净利润/平均资产总额×100%
自变量	低成本战略因子	lowcost	计算公式见
	差异化战略因子	differ	计算公式见
调节变量	环境动态性	DT	营业收入相对年份回归后的标准差/行业收入均值
	环境竞争性	JZ	市场竞争主体所占行业总收入或总资产百分比的平方和
控制变量	企业规模	size	总资产的自然对数
	资产负债率	LEV	期末负债总额/资产总额

5.6.1.2　调节效应分析方法

调节变量是指如果变量 Y 与变量 X 的关系是变量 M 的函数，则 Y 和 X 的关系受到第三个变量 M 的影响。表达式如下：

$$Y = aX + bM + cXM + e = bM + (a + cM)X + e$$

在上述表达式中，假设是 M 的线性函数，因变量 Y 和自变量 X 之间的关系由 $a + cM$ 来确定，则系数 c 代表的就是调节效应，如果系数 c 显著，则表明 M 的调节效应显著。

模型构建。为了检验环境竞争性和动态性与企业绩效的关系，我们构建多元回归模型进行检验，模型构建如下：

$$ROA_{i,t} = \alpha + \beta_1 lowcost_{i,t} + \beta_2 differ_{i,t} + \beta_3 DT_i + \beta_4 \times lowcost_{i,t} \times DT_i +$$

$$\beta_5 \times differ_{i,t} \times DT_i + \sum \lambda_i \times control_i + \varepsilon_{i,t}$$

$$ROA_{i,t} = \alpha + \beta_1 lowcost_{i,t} + \beta_2 Differ_{i,t} + \beta_3 JZ_t + \beta_4 \times lowcost_{i,t} \times JZ_i +$$

$$\beta_5 \times differ_{i,t} \times JZ_i + \sum \lambda_i \times control_i + \varepsilon_{i,t}$$

其中，$ROA_{i,t}$ 代表第 i 家企业在第 t 期的企业绩效，α 表示常数项，$lowcost_{i,t}$ 代表第 i 家企业在第 t 期低成本战略得分，$differ_{i,t}$ 代表第 i 家企业在第 t 期差异化战略得分。DT_i 代表行业经营环境的动态性，JZ_i 代表行业经营环境的竞争性，control 代表控制变量的集合，包含了总资产规模（size）、资产负债率（LEV）、企业年龄（year）。$\varepsilon_{i,t}$ 代表误差项，β_1，β_2，β_3，β_4，β_5 分别表示每个变量的回归系数。

通过环境变量 $DT_{i,t}$ 和 $JZ_{i,t}$ 与战略变量的交互项来检验环境动态性和竞争性对企业绩效的调节作用，其中交互项系数 β_4，β_5 的正负、大小和显著性决定了环境变量在战略—绩效中调节效应的大小。

5.6.2　实证结果

5.6.2.1　描述性统计

我们首先对样本的最大值、最小值、平均值和标准差进行描述性统计，结果如表 5.13 所示，从统计结果看，体育产业上市公司资产收益率均值只有 7.049524，且标准差为 12.46697，说明整体上市公司资产收益率不高且不同的上市公司资产收益率波动范围较大。低成本战略因子和差异化战略因子平均值接近，而标准差相差较大，说明低成本战略比差异化战略因子波动小。环境动态性和竞争性均值和标准差变化都很小，说明波动程度小。上市公司的整体规模较大，资产负债率平均值达到了 43.68671，说明体育产业上市公司财务状况相对不理想。

表 5.13　自变量描述性统计

变量	平均值	标准差	最小值	最大值
资产收益率（ROA）	7.049524	12.46697	−56.68	44.44
低成本因子（lowcost）	1.000048	0.7024029	0.03	3.2
差异化因子（differ）	0.9998571	5.041873	−35.92	13.25
环境动态性（DT）	1.056923	1.56176	0.0313598	5.816449
环境竞争性（JZ）	0.17145	0.0154654	0.1545	0.2037
企业规模（size）	12.60375	1.258975	10.00202	16.46335
资产负债率（LEV）	43.68671	19.51861	8.6	84.39

5.6.2.2　斯皮尔曼相关性分析

表 5.14　斯皮尔曼相关性

变量	相关系数（t 值）						
	资产收益率（ROA）	低成本因子（lowcost）	差异化因子（differ）	环境动态性（DT）	环境竞争性（JZ）	企业规模（size）	资产负债率（LEV）
资产收益率（ROA）	1.0000						
低成本因子（lowcost）	0.1898*						
差异化因子（differ）	0.6011***	0.1497**					
环境动态性（DT）	−0.3144***	−0.4192***	−0.4881***				

变量	相关系数（t值）						
	资产 收益率 （ROA）	低成本 因子 （lowcost）	差异化 因子 （differ）	环境 动态性 （DT）	环境 竞争性 （JZ）	企业 规模 （size）	资产 负债率 （LEV）
环境竞争性 （JZ）	0.0412	0.0652	0.0180	0.0000			
企业规模 （size）	−0.0193	−0.1712***	0.1946***	−0.4458***	−0.0609 0.3802		
资产负债率 （LEV）	−0.1557** 0.0240	0.2123***	−0.1170*	−0.0795	0.0029	0.3453***	

注：***、**、* 分别表示在双尾检验下 $p < 0.01$、$p < 0.05$、$p < 0.1$ 的显著性水平。

由表5.14可知，低成本竞争战略因子、差异化竞争战略因子和资产收益率正相关，且都具有显著性关系，表明竞争战略与企业绩效具有相关性。对于环境的不确定性而言，只有环境的动态性和资产收益率负相关，且呈显著性差异。企业规模和资产负债率与资产收益率负相关，表明企业难以通过财务杠杆获得更好的绩效。利用 Spearman 相关系数分析只能初步判断2个不同变量之间的关系，但它们之间到底具有怎样的关系，需要进一步做多元回归分析。

5.6.3 回归分析

按照研究设计，我们选择资产收益率作为被解释变量，企业规模和企业负债作为控制变量，对低成本战略、差异化战略、环境动态性和低成本战略、差异化战略的交互项以及环境竞争性和低成本战略、差异化战略的交互项进行回归，以检验环境不确定性对体育产业上市公司竞争战略与公司绩效关系的调节效应。

本书运用 Stata12.0 进行分析：①检验两个模型自变量的多重共线性问题，所有变量的方差膨胀因子（VIF）都小于10，表明不存在严重的多重共线性问题；②检验是否存在异方差，通过 White 检验，回归模型存在异方差；③检验是否存在自相关，通过 DW 检验，模型不存在明显自相关；④处理面板数据时，需考虑使用固定效应还是随机效应模型，通过 Hausman 检验，本书适合固定效应模型。

表 5.15　环境不确定性对竞争战略与企业绩效关系的回归结果

因变量 自变量	动态性环境下竞争战略与企业绩效（模型 1）	竞争性环境下竞争战略与企业绩效（模型 2）
	净资产收益率（ROA）	净资产收益率（ROA）
常数项	43.81965*** (3.25)	52.86441** (2.35)
低成本因子（lowcost）	−3.201552*** (−1.82)	17.55525* (1.71)
差异化因子（differ）	1.341586* (4.78)	5.200239*** (3.86)
环境动态性（DT）	−3.095682*** (−2.93)	
低成本*动态性（DT*lowcost）	3.91406** (1.89)	
差异化*动态性（DT*differ）	−0.0527038 (−0.79)	
环境竞争性（JZ）		147.071** (2.08)
低成本*竞争性（JZ*lowcost）		−106.5845* (−1.87)
差异化*竞争性（JZ*differ）		24.3478*** (3.07)
总资产规模（size）	−2.791646*** (−2.79)	−5.617293*** (−4.15)
资产负债率（LEV）	0.0241642 (0.47)	−0.0098244 (−0.15)
R^2	0.6075	0.1219
F 值/卡方值	95.79***	12.29***
Hausman−test		

注：回归采用面板模型，根据 Hausman 检验的模型筛选结果均为固定效应模型，选用基于固定面板的广义最小二乘法（FGLS）对模型参数进行估计。

由表 5.15 可知，对于模型 1 而言，在动态性环境下竞争战略与企业绩效关系的中 R^2 为 0.6075，卡方值 P < 0.01，说明模型拟合优度很好，解释能力较强。具体而言：

在模型 1 中，低成本战略因子和差异化战略因子的回归系数为负且都具有显著性差异，说明低成本战略和差异化战略通过战略的实施都能使企业绩效增加。

模型 1 中第三个变量，环境动态性（DT）回归系数为负，表明与企业绩效之间的关系为负相关关系，并且呈现显著性差异，说明体育产业环境动态性越高，企业绩效越低。因为环境动态性高，表明会让市场集中化程度低，企业的竞争相对更加激烈，要提高企业绩效相对困难。

模型 1 中低成本战略和环境动态性的交互项（DT*lowcost）回归系数为正，且呈非常显著关系，说明环境的动态性在低成本竞争战略和企业绩效之间具有正向且非常显著的调剂作用。而差异化竞争战略与动态环境的交互项（DT*differ）回归系数为负且不显著，表明在体育产业中，环境的动态性在差异化竞争战略对企业绩效的影响中没有调节作用。

对于实证的控制变量而言，企业规模的回归系数为负数且具有显著性差异，资产负债回归系数为正但不显著。表明在体育产业中较大的资产规模对企业绩效没有实质性的促进，相反，过大的资产规模会带来企业绩效递减的表现。这充分说明，在环境动态性的影响下，做大对于体育产业而言不会产生规模效应，不会带来绩效增长。

对于模型 2 而言，在竞争性环境下竞争战略与企业绩效关系中的卡方值 P < 0.01，说明模型具有较强的解释能力。具体而言：

在模型 2 中，低成本战略因子和差异化战略因子的回归系数为正且都具有显著性差异，说明在竞争性的环境下，低成本战略和差异化战略通过战略的实施都能使企业绩效增加，这和其他产业领域的研究结论一致。

模型 2 中第三个变量，环境竞争性（JZ）回归系数为正，表明环境竞争性与企业绩效之间的关系为正相关关系，并且呈现显著性差异。说明体育产业环境竞争性越高，企业绩效表现越好。因为环境动态性高，表明市场上竞争对手众多，市场集中化程度低，没有垄断企业出现，只要企业采用合理的竞争战略，则提高企业绩效相对容易。

模型2中差异化战略和环境竞争性的交互项（JZ*lowcost）回归系数为负，且呈非常显著关系，说明在激烈的环境竞争性中低成本竞争战略非常不利于企业绩效的提升。而差异化竞争战略与动态环境的交互项（JZ*differ）回归系数为正且非常显著，表明在体育产业中，环境的动态性在差异化竞争战略对企业绩效的影响中具有调节作用。

模型2的调节变量中，企业规模的回归系数为负数且具有显著性差异，资产负债回归系数为负但不显著，表明在体育产业竞争性的环境下资产规模对企业绩效没有实质性的提高。

5.7　假设检验结果汇总

前述研究分别对我国体育产业上市公司从竞争战略类型的绩效差异，竞争战略对企业绩效短期、长期影响，竞争战略与创新，创新与企业绩效，环境不确定性与企业绩效五个方面提出研究假设，刻画了竞争战略对我国体育产业上市公司绩效的影响机制。其假设检验结果如表5.16所示。

表5.16　竞争战略对体育产业上市公司绩效的假设检验结果

研究类别	假设编号	假设内容	检验结果
竞争战略类型的绩效差异	H1a	低成本差异化战略的绩效明显好于低成本战略	支持
	H1b	低成本差异化战略的绩效明显好于差异化战略	支持
	H1c	低成本战略的绩效明显好于无战略	支持
	H1d	差异化战略的绩效明显好于无战略	支持
	H1e	低成本差异化战略的绩效明显好于无战略	支持

续表

研究类别	假设编号	假设内容	检验结果
竞争战略对企业绩效短期、长期影响	H2a	体育产业上市公司采用低成本战略和差异化战略与公司短期绩效正相关	支持
	H2b	体育产业上市公司采用低成本战略优于差异化战略对公司短期绩效的影响	
	H2d	体育产业上市公司采用差异化战略的长期绩效显著优于低成本战略	支持
竞争战略与创新	H3a	差异化战略对创新投入有正向影响	不支持
	H3b	低成本战略对创新投入有正向影响	支持
创新与企业绩效	H4a	企业创新投入对企业绩效提升具有正向影响	支持
	H4b	企业创新投入在低成本竞争战略与企业绩效之间具有中介作用	不支持
	H4c	企业创新投入在差异化竞争战略与企业绩效之间具有中介作用	支持
环境不确定性与企业绩效	H7a	环境动态性在低成本竞争战略对企业绩效的影响中具有调节效应	支持
	H7b	环境动态性在差异化竞争战略对企业绩效的影响中具有调节效应	不支持
	H10a	环境竞争性在低成本竞争战略对企业绩效的影响中具有调节效应	不支持
	H10b	环境竞争性在差异化竞争战略对企业绩效的影响中具有调节效应	支持

5.8　本章小结

本章在我国体育产业上市公司竞争战略类型识别的基础上，对竞争战略与企业绩效、经营管理方式、资本结构之间的关系等方面提出研究假设。在此基础上，引入企业的创新投入，考察了创新投入在低成本竞争战略和差异化竞争战略上对企业绩效的影响机理，探讨了环境的动态性、竞争性在竞争战略与企业绩效关系中的调节效应。结果表明：两种纯竞争战略均能促进企业绩效的增长，与其他行业主流研究观点基本一致，低成本竞争战略对企业绩效的影响仅短期存在，长期来看，实施差异化竞争战略更能提高企业绩效。企业创新投入对企业绩效提升具有正向影响，企业创新投入在差异化竞争战略与企业绩效之间具有中介效应。环境动态性在低成本竞争战略对企业绩效的影响中具有调节效应，环境竞争性在差异化竞争战略对企业绩效的影响中具有调节效应。

6 中国体育产业上市公司股权结构与公司绩效的实证研究

随着北京奥运会和广州亚运会在中国的召开，中国体育产业迎来了前所未有的发展机遇。作为我国体育产业发展风向标的体育产业上市公司对市场的反应更为敏感和迅捷，对上市公司进行研究，有助于我们了解和掌控体育产业的发展方向和影响因素。上市公司业绩的好坏与它的股权结构密切相关，从这个意义上讲，上市公司的股权结构决定了它的治理结构，而公司的治理模式则是股权结构的具体表现形式。股权结构的不同决定了企业组织结构的差异，公司组织结构不同决定了不同的企业治理结构，最终影响企业的业绩和成长。因此，体育产业上市公司治理状况如何，不仅直接反映了上市公司的经营基础，而且对整个体育产业深化改革和即将上市的体育产业公司的绩效治理有着重要的借鉴意义。

6.1 文献综述

股权结构是指在股份制企业的总股本中，具有不同属性的股份所占总股份的比例以及不同股份相互之间的关系。股权结构代表了两方面的含义：一是持有公司股份的股东有哪些；二是各股东持有企业股份的比例多大。

国外对于股权结构与公司绩效关系的研究有许多成果。Jensen 和 Meckling 等 （2009） 研究认为，股权越分散，公司业绩可能越差。Pedersen 和 Thomsen（2012）以欧洲 12 个国家 435 个上市公司为研究对象，研究表明公司股权集中程度和净资产收益率呈显著正相关。然而 Holderness 等（2014）研究认为，基本没有证据表明股权结构对企业价值有影响，主要原因是国外资本市场比较完善，投资者权益能得到更好的保护，资本市场效率很高，因而使得股权结构对企业价值的影响不明显。这与 Demsetz 等（2014）的研究的结论相符合，他们也认为公司股权结构与经营绩效之间没有显著的相关性。

近年来，国内学者也开展了上市公司股权结构与经营绩效的研究。叶祥松等（2015）认为，由于少数大股东持有公司的大多数股权，中小股东持股数量少，因而中小股东在股东大会上行使表决的权力受限。因此，大股东由于股权集中，很容易绝对控制或相对控制公司，使股东大会形同虚设。李善民等（2015）认为，资本结构与企业经营特征之间的关系也是影响资本结构的因素之一。但目前国内在这方面的许多研究都缺少搭建理论模型的尝试，使得整体的研究深度不足。而赵正党等（2016）研究认为，公司的股权结构与绩效之间存在着负相关关系。

回顾以上研究成果不难发现，股权结构与企业绩效的相关性是一个非常复杂的问题，对于股权结构与企业绩效相关性的研究，视角不同，得出的结果也不一样，并没有统一研究结论。而且，目前国内外的研究成果都是以其他产业为研究对象，对体育产业上市公司研究甚少。因此，本书以体育产业上市公司为样本，采用随机影响的面板回归数据模型，考察竞争环境下体育产业上司公司股权结构与经营绩效的相关性。

6.2 研究设计与理论假设

6.2.1 样本来源

基于数据的可获得性，本书选取上海证券交易所、深证券交易所和香港证券交易所体育产业上市公司。其中，沪、深交易所有中体产业、信隆实业、西藏旅游、青岛双星、探路者 5 家体育产业上市公司，香港交易所有李宁、安踏体育 2 家体育产业上市公司。

6.2.2 变量的选择与定义

被解释变量：

ROE：净资产收益率。

解释变量：

F1：第一大股东持股比例。

GSP：流通股所占比例。

LSP：法人股所占比例。

DAR：资产负债率。

控制变量：

SIZE：上市公司总资产。

DAR：上市公司资产负债率。

各项变量定义表见表 6.1。

表6.1 各项变量定义表

变量	变量代号	变量名称	定义
公司绩效变量	ROE	净资产收益率	净资产收益率=净利润/净资产
股权变量	F1	第一大股东持股比例	第一大股东的持股数/总股本数
	LSP	法人股持股比例	法人股持股比例=法人股/总股本
	GSP	流通股持股比例	流通股持股比例=流通股/总股本
控制变量	SIZE	总资产（亿元）	作为公司规模的变量
	DAR	财务杠杆	资产负债率=总负债/总资产

6.3 研究假设

6.3.1 第一大股东持股比例与公司经营绩效正相关

在股权集中的情况下，股东持股比例越高，代表事实上掌握公司的控制权，其利益与公司发展关系越密切，有利于公司的管理和经营。因此，可以假定，在外部投资者的收益缺乏保护的情况下，第一大股东持有公司股本的比例提高有利于公司的经营与发展。

6.3.2 法人股比例与上市公司经营绩效正相关

法人股对企业而言是比较稳定的控股股东，法人股的股权性质决定了其投资、投资收益。它的存在可以监督和改进公司经营效率，从而改进公司的经营绩效。因此，我们认为，法人稳定的持股有利于企业经营业绩的发展。

6.3.3 流通股比例与企业经营绩效负相关

由于我国证券市场结构的特殊性，流通股往往被很多中小投资者持有，持股比较分散且比例较低，中小投资者往往更加关注买卖差价利益，他们主要以短线投资为主，而公司的长远业绩对他们来讲不是很重要。从这种意义上说，这些流通股东们既不关心公司成长，也对公司发展无能为力。因此，我们认为流通股持股比例的提高对公司的经营绩效提升没有实际意义，并且还可能干扰企业的成长发展。所以，可以假设，流通股比例与企业绩效负相关。

6.4 实证分析

本书采用统计分析和回归分析方法来检验中国体育产业上市公司股权结构与公司绩效之间的关系。回归分析采用面板数据模型（Panel Data Mode），因为面板数据模型综合考虑了数据截面和时间序列两方面的内容，同时运用参数估计方法，使估计结果更有效。模型形式为：

$$ROE = \partial_1 + \beta_1 F1_{it} + \gamma\,(control\ variable) + \varepsilon_{it}$$

$$ROE = \partial_2 + \beta_2 LSP_{it} + \gamma\,(control\ variable) + \varepsilon_{it}$$

$$ROE = \partial_3 + \beta_3 GSP_{it} + \gamma\,(control\ variable) + \varepsilon_{it}$$

其中，∂、β、γ 表示待估参数，ε 表示随机扰动项，it 表示第 i 个公司的 t 年度数据。

公司绩效变量一般采用净资产收益率（ROE）来衡量。因为，目前的许多研究用托宾 Q 值、市盈率和其他财务指标来评价企业的经营绩效，但由于中国证券市场才刚刚起步，还在不断地完善，市场还有很大的投机性，所以，用这些指标很难全面地衡量企业的经营绩效。为此，我们采用 ROE 来代替托宾 Q 值。为了减少其他因素对企业绩效的影响，实际的回归分析中我们采用经过调整了的净资产收益率来进行分析。

从表 6.2 中可以看出，体育产业上市公司的股权结构表现出以下特点：

（1）股权相对比较集中，第一大股东和法人股占总股本的份额均值较高。最少的上市公司也占到了 18.01%。其他上市公司第一大股东持股比例更高，在 20%~57% 间，对公司经营决策影响更大。

（2）流通股占总股本的比例较高。与同期市场平均水平相比，体育产业上市公司流通股比例偏高。但流通股最小值是 20%，说明体育产业在我国的发展才刚刚起步，还需要进一步规范和完善。

（3）各种股权结构变量的标准差都比较大，反映了不同上市公司间的股权结构有很大的差异。

表 6.2 体育产业上市公司股权结构统计分析

项目	均值	标准差	最小值	最大值
ROE	0.0890786	0.150054	−0.2795	0.2791
F1	0.3182429	0.1353297	0.1801	0.5769
DAR	0.4571879	0.1881936	0.0933964	0.7031
LSP	0.2642857	0.1740784	0.08	0.57
GPS	0.7014286	0.27352	0.20	1

我们运用第一大股东比例、法人股比例、流通股比例作为股权变量，考虑到它们都属于同一类指标，具有很高的相关度，为了避免产生共线性，我们对三个股权变量分别进行回归。

从表 6.3 中可以看出，第一大股东持股比例与公司经营绩效正相关，符合本书假设。这说明第一大股东提高持股比例有利于公司业绩的提高，但是我们同时也要注意到拟合优度 $R^2 = 0.0664$，拟合优度不高。

表 6.3 体育产业上市公司第一大股东持股比例与公司经营绩效的回归分析

解释变量	系数估计	标准误差	t 检验值	P 值
常数项	0.0431967	0.2752824	0.16	0.878
第一大股东	0.3453187	0.4501588	0.77	0.459
DAR	−0.1400154	0.3237085	−0.43	0.674
R^2	0.0664			

从表 6.4 中可知，法人股东持股比例解释变量的系数为正，这与本书的假设一致。这说明法人股东持股比例与公司业绩正相关。

表 6.4 体育产业上市公司法人股东持股比例与公司经营绩效的回归分析

解释变量	系数估计	标准误差	t 检验值	P 值
常数项	0.1815068	0.1706353	1.06	0.310
法人股	0.1176229	0.2749626	0.43	0.677
DAR	0.2701609	0.2543394	1.06	0.311
R^2	0.0325			

表 6.5 体育产业上市公司流通股东持股比例与公司经营绩效的回归分析

解释变量	系数估计	标准误差	t 检验值	P 值
常数项	0.2448335	0.149453	1.64	0.130
流通股	−0.0094256	0.1509183	−0.06	0.951
DAR	−0.3262193	0.2193442	−1.49	0.165
R^2	0.0168			

从表 6.5 中可以看出，流通股东持股比例与公司经营绩效负相关，符合本书假设。但流通股对公司绩效没有显著的影响，这说明流通股东提高持股比例有利于公司业绩的提高，但是拟合优度 $R^2 = 0.0168$，说明流通股东持股比例与公司经营绩效虽然负相关，但影响效果不明显。

7 我国体育产业上市公司经营效率评价
——基于因子分析和数据包络分析模型

7.1 引言

随着 2010 年 3 月国务院《关于加快体育产业发展的指导意见》的出台，我国体育产业发展进入了一个新时期。统计表明，2010 年我国体育产业增加值突破 2220 亿元，占 2010 年 GDP 比重为 0.55%，与 2009 年相比，增长 13.44%，增速高于 GDP 的增速。体育产业的高速发展使体育产业的经营范围不断扩大，随着市场机制的不断完善，体育产业已经形成了一个独特的产业门类，对国民经济发展的贡献日趋明显。体育产业上市公司是整个体育产业的风向标，体育产业市场的任何波动，都会引起体育产业上市公司的联动反应。因此，对体育产业上市公司客观、有效地评价，可以反映体育产业现状和发展潜力，对我国体育产业技术创新和提高国际竞争力具有很重要的价值和意义。

本章主要以在上海证券交易所、深圳证券交易所和香港证券交易所上市的 11 家体育产业公司的投入、产出为研究对象，通过因子分析（Factor Analysis）和数据包络分析（Data Envelopment Analysis, DEA），试图解决如下问题：①在体育产业上市公司众多的投入、产出中哪些因素对上市公司的经营绩效有较大影响；②体育产业上市公司的技术效率、纯技术效率、规模收益如何；③体育产业上市公司的经营绩效改进空间有多大，在投入一定的情况下，达到最优状态的目标值是多大；④如何改进体育产业上市公司的经营效率。

7.2 文献综述

上市公司的经营绩效评价一直是学者们的一个重点研究方向。最初，人们通常用财务比率来衡量企业的经营效率，但是随着企业投入、产出的不断增加，实践证明，财务比率只能反映单一投入和单一产出，难以衡量上市公司多种投入与产出。此后，大家利用 DEA 有效性与相应的多目标规划问题的 Pareto 有效解（或非支配解）是等价的这个性质，建立了 DEA 模型，解决了多投入和多产出的问题。

从已有研究文献对体育产业上市公司的研究来分析，我们会发现对体育产业的研究主要集中在三个方面：

一是，在不同资本市场上市公司股票的波动性和市场相关性的研究。例如，崔百胜（2011）运用 GARCH 模型对 A 股、H 股上市的 6 家体育类公司股票的收益率价格的波动性和相关性进行了实证研究。结果表明，港股的上市公司价格波动性比 A 股相对稳定，两个市场体育产业上市公司相关性很低。

二是，体育产业上市公司的品牌竞争力评价。例如，吴延年（2010）以 4 家体育用品上市公司的财务数据为依据，采用主成分分析法，计算出每个公司的竞争力得分，得出了体育产业上市公司在盈利能力、运营能力和成长性等方面处于一个合理的状态。

三是，刘兵等（2010）采用结构方程统计软件对体育产业集群形成与区域发展关系进行了研究。他们得出了体育制造业集群模型构建的重要性、区域体育资源的利用和挖掘的不够以及体育制造业集群的构建与区域发展形成一定的因果关系等研究结论。

结合已有的文献，我们不难发现，许多学者对体育产业上市公司的研究多侧重于以产出为主的研究，对体育产业的投入研究很少，对投入、产出的综合研究尚属空白。因此，我们尝试引入因子分析与 DEA 模型相结合的分析模式来评价体育产业上市公司的经营绩效。引入因子分析可以更好地解决 DEA 模型在投入、产出变量的选择上带有一定的主观性的问题，使研究结果更加贴切实际。体育产业上市公司绩效的度量，能够反映体育产业市场、行业等方面的效率，明确风险的来源及其程度的大小，对投资者规避风险和管理者监管市场有着重要的现实意义。

7.3 研究方法、变量与数据说明

7.3.1 基本思路

本书以体育产业上市公司投入、产出为研究对象。Farrell 等（1992）研究表明，效率可以分为技术效率和配置效率。其中，技术效率指一个公司对资源的最充分利用能力，也就是在投入一定的情况下的最大化产出，或者是产出一定的情况下最少投入的能力（Lovell，1993）。配置效率则是在价格一定的情况下投入、产出最优组合能力。由于上市公司投入价格是商业机密，所以我们很难获得。因此，本书主要从产出的角度考察体育产业上市公司的技术效率。

在对公司经营效率评价时，很多国内外学者都运用非参数估计的数据包络分析方法（Data Envelopment Analysis，DEA）进行分析。其原理是以最优样本点的连线作为生产前沿的曲线，曲线上的点表示在产出水平一定的情况下，有较少的投入，或者是投入一定的情况下获得较大的产出。其他样本点与生产前沿曲线的距离表示该企业的相对效率。然而，体育产业上市公司投入、产出变量很多，并且 DEA 模型在投入、产出变量的选择上带有一定的主观性。因此，我们引入因子分析法对体育产业上市公司的相关投入、产出提取公共因子，使大量的投入、产出值变成具有实际经济意义的公共因子，然后利用 DEA 模型来评价各个公司的经营效率。

7.3.2 研究模型介绍

7.3.2.1 因子分析模型介绍

因子分析是一种在变量群中用少数几个公共因子来描述它们之间的联系，从而使原始变量简化的一种统计方法。

因子分析的数学模型如下：

$$y_1 = a_{11} F_1 + a_{12} F_2 + \cdots + a_{1n} F_n + \varepsilon_1$$

$$y_2 = a_{21} F_1 + a_{22} F_2 + \cdots + a_{2n} F_n + \varepsilon_2$$

$$\vdots$$

$$y_n = a_{t1} F_1 + a_{t2} F_2 + \cdots + a_{tn} F_n + \varepsilon_t$$

其中，F_1，F_2，$\cdots$，F_n 表示在各个变量中出现的公共因子，ε_1，ε_2，$\cdots$，ε_t 表示影响 y_n 的独特因子。A_{ij} 为因素，它表示是第 i 个变量在第 j 个主因子上的负荷，说明了 i 个变量在第 j 个因子上的重要性。因素的累计方差贡献越大，表明反映原变量信息就越准确。特殊因子表示对特征值的贡献率很小，在后续因子分析中可以忽略不计。

7.3.2.2 DEA 模型介绍

数据包络分析（Data Envelopment Analysis，DEA）是一种用于评价具有相同投入、产出类别相对有效性的统计分析方法。其中，运用较多的是 CCR 模型和 BCC 模型。其原理是运用数学规划，根据决策单元（DMU）在 DEA 前沿面上的投影偏移大小来度量决策单元是否相对有效。

在实际生产、经营中，体育产业上市公司的生产要素是不断变化的。因此，本书将采用变动规模报酬的 BCC 模型来研究体育用品制造业上市公司经营效率。模型表示如下：

假设有 n 个 DMU_j（j=1，2，…，n），每个 DMU 都有 m 种投入方式和 s 种产出方式，分别用 x_{ij}（$x_{ij} > 0$；i=1，2，…，m）和 y_{rj}（$y_{rj} > 0$；r=1，2，…，s）来代表 DMU 的投入和产出要素的投入量。其中，x_{ij} 表示第 j 个 DMU 的第 i 种投入要素的投入量，y_{rj} 表示第 j 个 DMU 的第 r 种产出要素的投入量。s_i^- 和 s_r^+ 分别表示为投入松弛变量和产出松弛变量；非阿基米德无穷小量用 ε 表示，那么标准 BCC 模型可以表示为：

$$\min\left[\theta - \varepsilon\left(\sum_{i=1}^{m} s_i^- + \sum_{r=1}^{s} s_r^+\right)\right]$$

$$\text{s.t.} \begin{cases} \sum_{j=1}^{n} \lambda_j x_{ij} + s_i^- = \theta x_{ij0} \\ \sum_{j=1}^{n} \lambda_j y_{rj} - s_r^+ = y_{rj0} \\ \sum_{j=1}^{n} \lambda_j = 1 \\ \lambda_j \geq 0,\ j=1,\ 2,\ 3,\ \cdots,\ n \\ \lambda_j,\ s_i^-,\ s_r^+ \geq 0 \end{cases}$$

7.3.3　样本和变量定义

7.3.3.1　投入与产出变量定义

本书选取在上海证券交易所、深圳证券交易所和香港证券交易所上市的体育产业公司为研究对象。剔除了数据披露不全、主营业务亏损、被 ST 的企业、被其他企业收购或发生资产置换而导致主营业务发生根本变化的企业（这样处理可排除因资产重组而导致经营业绩大幅提升的非正常经营现象），剔除后样本总数为 11 家，其中沪、深交易所 5 家，分别是中体产业、西藏旅游、信隆实业、探路者、青岛双星。香港交易所 6 家，分别是李宁、安踏体育、特步国际、中国动向、匹克体育、361 度。将 2010 年各上市公司的总资产（I_1）、流动资产（I_2）、货币资金（I_3）、总负债（I_4）、流通股股数（I_5）5 个指标作为投入变量，选取流通股每股的收益（Q_1）、净利润（Q_2）、流动比（Q_3）、速动比（Q_4）、资本回报率（Q_5）5 个指标作为产出变量。

对于投入变量，选取这 5 个指标的原因是：总资产是企业生产活动的基础；流动资产是企业投入要素中最活跃的要素，也是企业发展的动力源泉；货币资金主要包括库存现金、银行存款和其他货币资金，上市公司的货币资金的多少与企业的偿债能力、支付能力强弱息息相关，是企业财务状况的一个外在反映，对企业资金流动有着桥梁的作用；总负债代表了企业承担和偿还的款项，对企业的可持续发展有重要作用；流通股的股数能够反映经济规模，是衡量上市公司经营规模的指标。

对于产出变量，选用流通股每股的收益、净利润、流动比、速动比、资本回报率的原因是：流通股每股收益是测定股票投资价值的主要指标之一，是分析每股价值的一个基础性指标，同时也是综合反映公司获利能力的重要指标；净利润是反映上市公司盈利能力的一项重要指标，它的好坏直接关系到企业能否持续发展；只有经营有效率的企业才能够产出稳定的净利润序列；流动比主要反映了上市公司的当期偿付短期债务的能力；速动比主要用来衡量资产流动性大小，速动比的大小与企业生产能力和偿债风险高低有密切关系；主要经营业务收入是上市公司主体经营收入，从某种程度上反映了公司经营实力和公司的成长性。因此，流通股每股的收益、净利润、流动比、速动比、资本回报率5个指标能表示企业的产出规模和经济效益。

7.3.3.2 数据来源

本书中数据来自 CSMAR 数据库，并通过中信建投证券公司网站查阅上市公司 2010 年的报表及报表附注而得。

7.4 实证分析

7.4.1 因子分析

本章选取我国 11 家体育产业上市公司年报的财务报表，以 2007~2010 年中 10 个指标相对应的数据为研究对象，从中分析出能反映投入与产出变量的公共因子，然后求出公因子的值。

7.4.1.1 投入指标的因子分析

运用 SPSS 18.0 对投入变量进行 KMO 和巴特莱特球体检验；KMO 值为 0.640（大于 0.5），巴特莱特球体检验的值为 43.851，显著性概率小于 0.000（见表 7.1），表明相关指标系数矩阵与单位矩阵差异显著，说明 5 个投入变量适于做因子分析。

运用 SPSS 18.0 统计分析，从中选取特征值大于 1 的 2 个变量作为新的因子变量，从解释的总方差表中可以得出，提取公因子的累计贡献率

表7.1　输入指标 KMO 和 Bartlett 的检验

取样足够度的 Kaiser–Meyer–Olkin 度量		0.640
Bartlett 的球形度检验	近似卡方	43.851
	df	10
	Sig.	<0.000

达到 86.244%（见表 7.2），这说明公因子较大程度地保留了原始变量的信息，具有良好的代表性，在此我们将这两个投入指标的公因子分别记为 V_1 和 V_2。

表7.2　解释的总方差

成分	初始特征值			提取平方和载入			旋转平方和载入		
	合计	方差的 (%)	累计 (%)	合计	方差的 (%)	累计 (%)	合计	方差的 (%)	累计 (%)
1	3.199	63.988	63.988	3.199	63.988	63.988	3.172	63.449	63.449
2	1.113	22.255	86.244	1.113	22.255	86.244	1.140	22.795	86.244
3	0.581	11.622	97.866						
4	0.091	1.828	99.694						
5	0.015	0.306	100.000						

运用标准化的正交旋转法对公因子进行了旋转，结果如表 7.3 所示。

表7.3　投入变量的公因子

投入指标	公因子	
	V_1	V_2
总资产（I_1）	0.945	0.194
流动资产（I_2）	0.979	0.003
货币资金（I_3）	0.948	−0.208
总负债（I_4）	0.017	0.966
流通股股数（I_5）	0.650	0.354

从正交旋转后的因子载荷结果来看，公因子 V_1 主要解释了投入变量

I_1、I_2、I_3 和 I_5，根据这四项投入变量的原始意义，我们将 V_1 视为投入能力因子；公因子 V_2 主要解释了投入变量 I_4，因此 V_2 被视为经营能力因子。

7.4.1.2 产出指标的因子分析

运用 SPSS 18.0 对产出变量进行巴特莱特球体和 KMO 检验。巴特莱特球体检验的值为 51.738，KMO 值为 0.615（大于 0.5），巴特莱特球体检验的卡方值小于 0.000（见表 7.4），说明相关指标系数矩阵与单位矩阵差异显著，说明 5 个产出变量适于做因子分析。

表 7.4　产出指标 KMO 和 Bartlett 的检验

取样足够度的 Kaiser–Meyer–Olkin 度量		0.615
Bartlett 的球形度检验	近似卡方	51.738
	df	10
	Sig.	<0.000

同理运用 SPSS 18.0 统计分析，可得出 2 个公因子，从解释的总方差表中可以得出，提取公因子的累计贡献率达到 85.618%（见表 7.5），说明公因子较大程度地保留了原始变量的信息，在此将两个公因子记为 W_1 和 W_2。

表 7.5　解释的总方差

成分	初始特征值			提取平方和载入			旋转平方和载入		
	合计	方差的(%)	累计(%)	合计	方差的(%)	累计(%)	合计	方差的(%)	累计(%)
1	3.017	60.343	60.343	3.017	60.343	60.343	2.847	56.933	56.933
2	1.264	25.275	85.618	1.264	25.275	85.618	1.434	28.684	85.618
3	0.485	9.699	95.317						
4	0.232	4.636	99.953						
5	0.002	0.047	100.000						

运用标准化的正交旋转法对公因子进行了旋转，结果如表 7.6 所示。

表 7.6　产出变量的公因子

产出指标	公因子	
	W_1	W_2
每股收益（Q_1）	−0.098	0.939
净利润（Q_2）	0.889	0.012
流动比（Q_3）	0.946	0.126
速动比（Q_4）	0.954	0.134
资本回报率（Q_5）	0.491	0.720

从正交旋转后的因子载荷结果来看，公因子 W_1 主要解释了产出变量 Q_2、Q_3 和 Q_4，根据这三项产出变量的原始意义，我们将 W_1 视为发展潜力因子；公因子 V_2 主要解释了产出变量 Q_1 和 Q_5，因此 W_2 被视为盈利能力因子。

7.4.1.3　因子得分标准化处理

由于因子分析降维处理后得到的公因子中存在负值，因此不能直接进行 DEA 计算。这里，我们将计算出的投入和产出因子分别按照以下公式进行转化处理：

$$m_{ij} = \frac{v_{ij} - \min\limits_{j}\{v_{ij}\}}{\max\limits_{j}\{v_{ij}\} - \min\limits_{j}\{v_{ij}\}} \times 0.4 + 0.6$$

$$n_{ij} = \frac{w_{ij} - \min\limits_{j}\{v_{ij}\}}{\max\limits_{j}\{w_{ij}\} - \min\limits_{j}\{w_{ij}\}} \times 0.4 + 0.6$$

式中，v_{ij} 和 w_{ij} 分别表示未经转化处理的投入和产出因子，m_{ij} 和 n_{ij} 分别表示转化处理后的投入和产出因子。i 代表第 i 个公司，j 代表第 j 个因子。表示如下：

$v_{ij} \in x'_i$（$i = 1, 2, \cdots, 11$；$j = 1, 2$）；$w_{ij} \in y'_i$（$i = 1, 2, \cdots, 11$；$j = 1, 2$）；

$m_{ij} \in x_i$（$i = 1, 2, \cdots, 11$；$j = 1, 2$）；$n_{ij} \in x_i$（$i = 1, 2, \cdots, 11$；$j = 1, 2$）

经过上述变换后，使得原来的变量值都处于 [0，1] 内，并没有改变原变量的本质，因此经过变换后的投入和产出变量值如表 7.7 所示。

表 7.7 转化处理后的投入、产出变量

体育产业上市公司	投入变量		产出变量	
	投入能力（M_1）	经营能力（M_2）	发展潜力（N_1）	盈利能力（N_2）
中体产业	0.710	0.863	0.628	0.648
西藏旅游	0.600	0.645	0.633	0.600
青岛双星	0.690	1.000	0.623	0.886
探路者	0.608	0.600	0.692	0.903
信隆实业	0.614	0.664	0.636	0.680
李宁	0.791	0.672	0.600	1.000
安踏体育	0.938	0.777	0.718	0.918
特步国际	0.764	0.655	0.759	0.836
中国动向	1.000	0.610	1.000	0.758
匹克体育	0.745	0.630	0.828	0.829
361 度	0.837	0.789	0.735	0.835

7.4.2 DEA 计量分析

7.4.2.1 体育产业上市公司的技术效率分析

从表 7.8 可知，体育产业 11 家上市公司中除了探路者、中国动向、匹克体育外，其他 8 家上市公司在投入能力中都出现了不同程度的冗余。表明资产投入过多，使资本相对沉淀，从而出现了相对浪费，使企业的核心竞争力下降。

具体从投入上看，以李宁公司为例，李宁公司的 M_1 和 M_2 投入存在冗余，投入要素配置不合理，且未被充分利用。如果对公司投入要素进行适当管理，增加投入利用率，这样 M_1 可减少 0.118，M_2 可减少 0.008，从而相应地使产出 N_1 增加 0.166，达到 0.766，做出这种调整能使李宁公

表 7.8　投入、产出变量的技术效率值

	Score (θ)	投入能力（M₁）			经营能力（M₂）			发展潜力（N₁）			盈利能力（N₂）		
		原始值	改进值	目标值	原始值	改进值	目标值	原始值	改进值	目标值	原始值	改进值	目标值
中体产业	0.777	0.710	0.158	0.552	0.863	0.318	0.545	0.628	0.000	0.628	0.648	0.171	0.819
西藏旅游	0.927	0.600	0.044	0.556	0.645	0.096	0.549	0.633	0.000	0.633	0.600	0.226	0.826
青岛双星	0.865	0.690	0.093	0.597	1.000	0.411	0.589	0.623	0.056	0.679	0.886	0.000	0.886
探路者	1.000	0.608	0.000	0.608	0.600	0.000	0.600	0.692	0.000	0.692	0.903	0.000	0.903
信隆实业	0.910	0.614	0.055	0.559	0.664	0.113	0.551	0.636	0.000	0.636	0.680	0.150	0.830
李宁	0.989	0.791	0.118	0.673	0.672	0.008	0.664	0.600	0.166	0.766	1.000	0.000	1.000
安踏体育	0.790	0.938	0.303	0.635	0.777	0.163	0.614	0.718	0.000	0.718	0.918	0.000	0.918
特步国际	0.905	0.764	0.072	0.692	0.655	0.062	0.593	0.759	0.000	0.759	0.836	0.000	0.836
中国动向	1.000	1.000	0.000	1.000	0.610	0.000	0.610	1.000	0.000	1.000	0.758	0.000	0.758
匹克体育	1.000	0.745	0.000	0.745	0.630	0.000	0.630	0.828	0.000	0.828	0.829	0.000	0.829
361度	0.777	0.837	0.186	0.651	0.789	0.176	0.613	0.735	0.000	0.735	0.835	0.055	0.890

司的投入产出组合更加合理，进而位于投入产出前沿面。

除李宁外，特步国际、信隆实业和西藏旅游的技术效率值也在 0.90 之上，分别有 9.5%、9% 和 7.3% 的上升空间。其他公司的技术效率值则小于 0.90，其中中体产业和 361 度排在最后两位。这两家公司的 M_1 和 M_2 投入要素都存在冗余，N_2 产出都表现不足。若能够对公司的资源管理和配置模式进行调整，这两家公司的产出能力将获得巨大的提升潜力。

7.4.2.2　体育产业上市公司的纯技术效率分析

纯技术效率（PTE）表示的是公司在实际的生产经营过程中，不同情况的投入、产出所形成的与企业相应的生产经营效率水平。纯技术效率主要从效率度量的全面程度上来描述企业的生产效率，主要包含单要素生产率和全要素生产率。

从表 7.9 中可知，体育产业 11 家上市公司中除了西藏旅游、探路者、李宁、中国动向和匹克体育外，其他 6 家上市公司在生产中都出现技术非有效。

表 7.9　投入、产出变量的纯技术效率值

	Score (θ)	投入能力（M₁）			经营能力（M₂）			发展潜力（N₁）			盈利能力（N₂）		
		原始值	改进值	目标值	原始值	改进值	目标值	原始值	改进值	目标值	原始值	改进值	目标值
中体产业	0.847	0.710	0.109	0.601	0.863	0.225	0.638	0.628	0.014	0.642	0.648	0.000	0.648
西藏旅游	1.000	0.600	0.000	0.600	0.645	0.000	0.645	0.633	0.000	0.633	0.600	0.000	0.600
青岛双星	0.881	0.690	0.082	0.608	1.000	0.397	0.603	0.623	0.066	0.689	0.886	0.000	0.886
探路者	1.000	0.608	0.000	0.608	0.600	0.000	0.600	0.692	0.000	0.692	0.903	0.000	0.903
信隆实业	0.981	0.614	0.012	0.602	0.664	0.031	0.633	0.636	0.013	0.649	0.680	0.000	0.680
李宁	1.000	0.791	0.000	0.791	0.672	0.000	0.672	0.600	0.000	0.600	1.000	0.000	1.000
安踏体育	0.846	0.938	0.145	0.793	0.777	0.138	0.639	0.718	0.000	0.718	0.918	0.000	0.918
特步国际	0.919	0.764	0.071	0.693	0.655	0.053	0.602	0.759	0.000	0.759	0.836	0.035	0.871
中国动向	1.000	1.000	0.000	1.000	0.610	0.000	0.610	1.000	0.000	1.000	0.758	0.000	0.758
匹克体育	1.000	0.745	0.000	0.745	0.630	0.000	0.630	0.828	0.000	0.828	0.829	0.000	0.829
361 度	0.778	0.837	0.186	0.651	0.789	0.180	0.609	0.735	0.000	0.735	0.835	0.045	0.880

　　具体来说，中体产业、青岛双星、信隆实业、安踏体育、特步国际、361 度在投入能力的生产要素上还有提升的空间，其中 361 度的改进空间最大，相对改进值达到了 0.186。对于上市公司的经营能力的投入要素来说，中体产业、青岛双星、信隆实业、安踏体育、特步国际、361 度都有改进的空间，其中，中体产业、青岛双星的改进值分别达到了 0.225、0.397，说明它们经营能力的提升对整个公司的生产经营效率贡献较大。在体育产业上市公司发展潜力方面，11 家上市公司中有 8 家的经营能力产出要素达到了最佳，只有中体产业、青岛双星、信隆实业还需要提高。此外，由于体育产业在我国起步较晚，目前还处于高速发展阶段，因此对于盈利能力产出要素而言，只有特步国际、361 度需要在发展战略上进一步提升，其他 9 家体育产业上市公司已达到已知投入要素下的最佳产出状态。

7.4.2.3　体育产业上市公司的规模效率、规模收益分析

在 DEA 模型中，我们主要关注决策单元（DMU）的有效性问题，即上市公司的投入、产出是否合理，但没有对生产要素的变化做出解释。因此，通常人们还会用 λ_i 度量上市公司生产规模的改变引起产出变化的规律。假设 λ_i^*（i＝1，2，3，…，n）为线性规划问题的最优解，令规模收益 $m = \sum_{i=1}^{n} \lambda_i^*$。若规模收益 m＞1，表明上市公司的生产投入正处于规模报酬递减阶段；若规模收益 m＜1，表明上市公司的生产投入正处于规模报酬递增阶段；若规模收益 m＝1，表明上市公司的生产投入规模报酬不变，说明此时上市公司的投入、产出结构为最优结构，规模报酬恰好处在由递增到递减的交点上。m 值的计算结果如表 7.10 所示。

表 7.10　体育产业上市公司的规模效率值

体育产业上市公司	CCR 评价值	BCC 评价值	规模效率	规模收益
中体产业	0.777	0.847	0.918	递增
西藏旅游	0.927	1.000	0.927	递增
青岛双星	0.865	0.881	0.982	递增
探路者	1.000	1.000	1.000	不变
信隆实业	0.910	0.981	0.928	递增
李宁	0.989	1.000	0.989	递减
安踏体育	0.790	0.846	0.934	递减
特步国际	0.905	0.919	0.985	递增
中国动向	1.000	1.000	1.000	不变
匹克体育	1.000	1.000	1.000	不变
361 度	0.777	0.778	0.999	递减

从表 7.10 可得，在体育产业上市公司中，有 5 家公司处于规模收益递增的阶段，有 3 家公司处于规模收益递减的阶段，而探路者、中国动向、匹克体育效率值为 1，表明 3 家公司的规模收益在生产前沿面上。

　　中体产业、西藏旅游、青岛双星、信隆实业、特步国际规模收益递增表明了这几家公司可以扩大生产规模，以获取更好的收益。李宁、安踏体育、361度规模收益递减说明它们在原有的生产规模上，生产扩张出现了负增长。因此，合理配置投入要素结构，整合各项生产资源，减少生产过程中存在的不经济问题，是体育产业上市公司改进经营效率的关键。

8 我国体育产业微观资本结构影响因素的动态计量分析

2010 年 3 月，随着国务院办公厅《关于加快发展体育产业的指导意见》的发布，标志着我国体育产业的发展进入了一个新的历史时期，《意见》中明确指出了要加快体育产业发展，体育产业的发展能够为体育人才的培养、群众体育的丰富以及人民身体素质提升等方面提供坚实的基础，从而促使我国由一个体育大国向一个体育强国迈进。那么，是什么因素影响了我国体育产业资本结构的选择？体育产业资本结构的调整方向究竟如何发展？这些都是需要我们解决的问题。然而，体育产业上市公司对体育产业市场反应最为敏感和迅捷，对上市公司的研究有助于我们更好地了解体育产业市场。因此，以体育产业上市公司为研究对象，对影响体育产业资本结构市场影响因素进行研究，有助于我们了解和掌控体育产业的发展方向和影响因素，优化体育产业资本结构，推动体育产业融资行为规范化的进程，为体育产业发展战略的规划、企业治理结构的设计以及政府部门相关政策的制定提供实证。

8.1 文献综述

近年来，在经济学领域有很多对资本结构影响因素的研究，已有文献主要通过三种视角来描述这些影响因素，一是以 Modigliani 和 Miller（1958）权衡理论为代表，认为在一系列的前提假设下，企业的价值与它的资本结构无关，最优资本的结构不存在。二是以 Jensen 和 Meckling（1986）的研究为代表，他们以资本所有权理论和企业理论等为基础，引入"信号""动机""激励"等概念，以企业内部因素为出发点展开对资本结构问题的分析。三是以 Milton Harris 和 Artur Raviv 等（2002）为代表，他们对资本结构、经理人持股和兼并市场三者之间的关系进行了考察。

就我国体育产业资本结构而言，国内学者主要集中在对体育产业的产权改革、完善资本市场等方面提出了很多意见和建议。但我们不难发现，绝大多数研究都是定性研究，难以对我国体育产业资本结构影响因素的真实状况进行精确测定。另外，目前国内关于体育产业资本结构影响因素的研究成果多以整体为研究对象，极少考虑以体育产业上市公司为代表对体育产业进行研究。因此，本章以我国体育产业上市公司的横截面数据为研究样本，时间跨度为 1997~2010 年 14 个年份，通过采用向量自回归模型进行实证分析，旨在找出影响我国体育产业资本结构的因素，为体育产业健康发展提供理论借鉴。

8.2 研究对象、数据与方法

8.2.1 研究对象

基于我国经济发展的特征以及体育产业市场数据的可获得性，模型选择中国体育产业上市公司的横截面数据为研究样本，时间跨度为 1997~2010 年 14 个年份，数据来源于中信建投所公布的上市企业年度报告。为保证结果的准确性和客观性，本书从原始样本中剔除了数据欠缺的指标。

8.2.2 研究方法

8.2.2.1 文献资料调研

通过中国知识资源总库（CNKI）查阅关于不同行业资本结构影响因素的科研论文有 50 余篇，使本课题在选题依据、结构设计及方法运用等方面均有据可依。

8.2.2.2 数理统计法

采用计量经济学软件 Eviews 6.0 完成对数据的经济计量运算。

8.2.2.3 基于时间序列的分析方法

根据理论分析，采用动态计量经济模型（结构向量自回归模型）从动态视角实证研究微观企业特征因素对体育产业资本结构选择的影响。向量自回归的模型如下：

$$\begin{bmatrix} zcfzl \\ X_1 \\ X_2 \\ \vdots \\ X_n \end{bmatrix} = A_0 + A_1 \begin{bmatrix} zcfzl \\ X_1 \\ X_2 \\ \vdots \\ X_n \end{bmatrix}_{t-1} + \cdots + A_s \begin{bmatrix} zcfzl \\ X_1 \\ X_2 \\ \vdots \\ X_n \end{bmatrix}_{t-s} + \varepsilon_t \tag{8.1}$$

其中，A_0 是常数向量 $A_i = 1$，$\cdots$，s 是矩阵参数向量，ε_t 是满足正态分布 $N(0, \Omega)$ 的随机误差项。此外，X_1，X_2，$\cdots$，X_n 表示对公司资产负债结构有影响的微观因素。

8.3　体育产业影响因素的综合评价指标体系

　　根据经典理论对影响资本结构的分析，为全面考察资本结构的影响因素，本书参考大量文献后选取如下指标体系：本书选取 5 个考察维度，共计 9 项测度指标，以此作为我国体育产业资本结构影响因素的综合评价体系。选取这些指标的理由是：盈利水平代表上市公司在一定时期内获取利润的能力，包括总资产和销售的净利率；运营水平代表公司资金的周转速度，周转越快，表明越有活力，公司抵御风险的能力越强；短期偿债能力代表上市公司以流动资产来处理负债的能力，它的好坏关系到投资者对行业的信心；发展潜力在一定程度上代表了公司的可持续发展的潜力；资本结构反映的是负债与股权的比例关系，它与上市公司再融资的能力密切相关，对上市公司未来的盈利有着决定性的作用。5 个维度作为资本结构的微观影响因素，9 项测度指标的名称及含义如表 8.1 所示。

表 8.1　体育产业影响因素的综合评价指标体系

影响因素	变量名称	变量单位	变量代号	定义
盈利水平	销售的净利率	%	xsjll	净利润/营业收入
	总资产的收益率	%	zzcsyl	净利润/期末总资产
运营水平	应收账款的周转率	次	yszkzzl	销售收入/应收账款
	总资产的周转率	次	zzczzl	销售收入/总资产
短期偿债能力	流动比	倍	ldb	流动资产/流动负债
	速动比	倍	sdb	速动资产/流动负债
发展潜力	净利润的增长率	%	jlrzzl	(本期净利润 – 上期净利润)/上期净利润
	净资产的增长率	%	jzczzl	(期末净资产 – 期初净资产)/期初净资产
资本结构	资产的负债率	%	zcfzl	负债总额/资产总额

8.4　研究结果

8.4.1　单位根检验

在计量分析中，回归方程中的变量都是建立在平稳序列的基础上，而对于非平稳序列可能出现虚假回归。因此，我们对所有序列均进行对数转换，转化后的时间序列，其一阶差分变为按百分比变化的增长率，从而降低了数据的不稳定性。然后采用 ADF 单位根检验法来确定变量的平稳性，检验结果如表 8.2 所示。可以看到，所有考察序列都表现为 I(1) 非平稳序列，不过经过一阶差分后也表现为 I(0) 平稳序列。虽然不是全部序列均为一阶单整的时间序列，但由于所有的被解释序列的阶数均不高于解释序列的阶数。因此，所有时间序列均达到了进行协整检验的要求，可以运用协整方法检验序列之间的长期稳定关系。

表 8.2　时间序列 ADF 检验结果

变量	ADF 检验统计量	检验类型（C，T，L）	稳定性 10%	结论
xsjll	−1.2852	(c, t, 0)	−3.3630	不平稳
D（xsjll）	−4.0219	(c, t, 0)	−3.4608	平稳
zzcsyl	−1.9842	(c, t, 0)	−3.3630	不平稳
D（zzcsyl）	−3.6398	(c, t, 1)	−3.4200	平稳
yszzzl	0.9202	(c, 0, 2)	−2.7290	不平稳
D（yszzzl）	−5.0320	(c, 0, 1)	−2.7290	平稳
zzczzl	−1.7697	(c, 0, 0)	−2.7011	不平稳
D（zzczzl）	−2.9771	(c, 0, 0)	−2.7138	平稳
ldb	−2.1980	(c, 0, 0)	−2.7011	不平稳

续表

变量	ADF 检验统计量	检验类型 (C, T, L)	稳定性 10%	结论
D (ldb)	−3.7256	(c, 0, 0)	−2.7138	平稳
sdb	−1.5933	(c, 0, 0)	−2.7011	不平稳
D (sdb)	−3.0872	(c, 0, 1)	−2.7290	平稳
jlrzzl	−2.6521	(c, 0, 0)	−2.7011	不平稳
D (jlrzzl)	−2.8759	(c, 0, 1)	−2.7290	平稳
jzczzl	−2.2771	(c, 0, 2)	−2.7290	不平稳
D (jzczzl)	−3.9192	(c, 0, 2)	−2.7477	平稳
zcfzl	−0.7028	(c, 0, 0)	−2.7011	不平稳
D (zcfzl)	−2.7369	(c, 0, 0)	−2.7138	平稳

注：检验类型 (C, T, L) 中，C、T、L 分别代表常数项、时间趋势和滞后阶数。

8.4.2 协整检验

在单位根检验中，我们对非平稳的微观影响因素进行差分把其变平稳，但这样会让我们失去总量的长期信息，而这些信息对分析问题来说又是必要的，所以用协整来解决此问题（见表 8.3）。本章利用 Johansen 检验来判断变量之间是否存在协整关系以及相关变量之间的符号关系。首先，在进行检验之前需确定 VAR 模型的结构，并根据 SC 准则确定不

表 8.3 微观因素与资本结构的协整方程式

协整方程	迹统计量与临界值
$zcfzl = -4.0842xsjll - 9.9005zzcsyl + 60.4434$ $\quad\quad\quad (-5.8542)\quad\quad\quad (-2.3746)$	30.1470** (29.7971)
$zcfzl = -1.6551yszkzzl - 117.7785zzcczl - 13.7748$ $\quad\quad\quad (-6.1970)\quad\quad\quad\quad (-7.4527)$	30.1190** (29.7971)
$zcfzl = -11.4266ldb + 32.8152sdb + 64.6365$ $\quad\quad\quad (-12.1277)\quad\quad (47.4700)$	60.0992*** (29.7971)
$zcfzl = -0.0304jlrzzl - 0.4543jzczzl + 53.8592$ $\quad\quad\quad (-0.6891)\quad\quad (-5.2622)$	48.3024*** (29.7971)

注：括号内的数值为 t 值，** 和 *** 分别表示在 5% 和 10% 的水平上显著。

同 VAR 模型的滞后期数。其次，利用残差稳定性检验进一步验证模型的稳定性，从而保证了某些结果的有效性。

从表 8.3 可以得知，在四个不同的指标系统下，资产负债率与解释变量间至少在 5% 的显著水平下各存在一个协整关系。而且我们可以看到，在每个协整方程中，除净利率的增长率外所有变量 t 统计量都显著，即每个自变量对因变量都有较强的解释力。

销售的净利率、总资产的收益率与资产的负债率显著负相关，说明体育产业上市公司销售净利率提高对其公司资产负债结构具有优化作用，具有较强盈利能力的企业更易获得较多的内部资金融通，企业负债比例下降，企业可支配收益增加的同时会选择降低负债率。

资产负债和应收账款的周转率、总资产的周转率显著负相关，说明体育产业企业的营运水平进一步提高，资产利用率增强，更多地采用自有资金，便会降低负债比例尤其是长期负债比例。

资产负债与资金流动比显著负相关，流动比率是流动资产对流动负债的比率，用来衡量企业流动资产在短期债务到期以前，可以变为现金用于偿还负债的能力，结果表明，资产负债率越高，资金流动比越低。资产负债与资金速动比显著正相关，说明资产负债率越高，资金流动比越低，如果流动比率较高，但资金速动比很低，则企业的短期偿债能力仍然不高。

资产负债与净利润的增长率和净资产的增长率呈现负相关关系，但只有净资产增长率对资产负债率有显著的负向影响。也就是说，公司净资产增长率的提高对资产负债率的降低有明显的促进作用。究其原因是它反映了企业股东利益的增值前景与空间，高增长性的企业倾向于采取低负债率。

8.4.3　向量误差修正模型

协整关系表述的是一种"长期均衡"，而实际数据却是由"非均衡过程"生成的。因此，建模时需要用数据动态非均衡过程来逼近经济理论的长期均衡过程。实证结果如表 8.4 所示。

表 8.4　微观因素与资本结构的误差修正模型估计结果

D（zcfzl）						
盈利能力						
VECM	D（zcfzl）（−1））	D（xsjll）（−1））	D（zzcsyl）（−1））	常数项	Adj.R²	F 统计量
−0.3376* （−2.0395）	−0.0736 （−0.3430）	−0.1728 （−0.3258）	−1.9123 （−1.1235）	1.4688 （0.6739）	0.5176	3.9501
运营能力						
VECM	D（zcfzl）（−1））	D（yszkzzl）（−1））	D（zzczzl）（−1））	常数项	Adj.R²	F 统计量
−0.0889 （−0.2067）	0.3325 （0.8301）	−0.2217 （−0.1505）	−37.5677 （−1.1217）	3.0981 （0.7542）	0.2475	0.5755
偿债能力						
VECM	D（zcfzl）（−1））	D（sdb）（−1））	D（ldb）（−1））	常数项	Adj.R²	F 统计量
0.2214 （0.2567）	0.2021 （0.3284）	−37.0120 （−1.7319）	37.61801 （1.7372）	0.4731 （0.1433）	0.3465	0.9280
发展能力						
VECM	D（zcfzl）（−1））	D（jlrzzl）（−1））	D（jzczzl）（−1））	常数项	Adj.R²	F 统计量
−0.5072* （−3.2377）	0.0953 （0.4975）	−0.0267 （−1.3781）	−0.0676 （−1.0431）	2.3565 （1.3098）	0.6588	6.3114

注：括号内的数值为 t 值，* 表示在 10% 的水平上显著。

在 VECM 模型中，VECM 是误差修正项，反映变量之间的长期均衡关系，其前面的系数表示变量之间的均衡关系偏离长期均衡状态时，将其调整到均衡状态的调整速度。所有作为解释变量的差分项的系数反映了该变量的短期波动对作为解释变量的短期变化的影响。由表8.4可以发现，从长期看，对于盈利能力、运营能力以及发展能力而言，当上期资产负债率出现上升变动时，误差修正机制促使本期资产负债率相应地下降，其系数分别为-0.3376、-0.0889和-0.5072。这表明资产负债率变动存在一种回归均衡水平的趋势，同时这种长期影响在持续发生作用。而对于偿债能力而言，当上期资产负债率出现上升变动时，误差修正机制不是促使本期资产负债率下降，相反，它加剧了资产负债率的上升，但其系数并不显著。

我们可以看到，短期内，盈利水平指标——销售的净利率以及总资产的收益率与公司资产负债率具有负向作用，但各变量系数的t值均不显著，这表明盈利能力指标对资产负债率有短期降低的作用，不过效果均不明显，这可能与公司内部政策的调整以及盈利的稳定程度有关。在公司发布针对发展的内部激励政策时，整体运营环境相对较好，但同时也面临外界宏观政策因素的影响，这样就有可能造成盈利上升但资产负债比例并未下降的现象。

同时，在表8.4中，运营水平指标——应收账款的周转率和总资产的周转率，偿债水平指标——速动比和流动比以及发展潜力指标——净利润的增长率和净资产的增长率，与资产的负债率也都具有短期的负相关关系，但系数的t值均不显著。这表明，短期内公司的运营水平、偿债能力或发展潜力的提升还是有助于资产负债比率的下降的，但效果并不明显。

8.4.4 Granger 因果检验

确定了微观因素与资本结构之间的长、短期关系，并不能说明这两者之间的因果方向，本章采用Granger因果检验法进行分析检验。其计量结果如表8.5所示。

表8.5　微观因素与资本结构的因果关系检验结果

	原假设	V2 统计量	原假设	V2 统计量
盈利水平	xsjll 不能 Granger 引起 zcfzl	0.1061 (0.7446)	zzcsyl 不能 Granger 引起 zcfzl	1.2622 (0.2612)
	zcfzl 不能 Granger 引起 xsjll	1.7759 (0.18)	zcfzl 不能 Granger 引起 zzcsyl	1.7759 (0.1827)
运营水平	yszkzzl 不能 Granger 引起 zcfzl	0.0227 (0.8804)	zzczzl 不能 Granger 引起 zcfzl	1.2582 (0.2620)
	zcfzl 不能 Granger 引起 yszkzzl	0.0734 (0.7864)	zcfzl 不能 Granger 引起 zzczzl	0.2950 (0.5871)
偿债能力	ldb 不能 Granger 引起 zcfzl	3.0178* (0.0824)	sdb 不能 Granger 引起 zcfzl	2.9994* (0.0833)
	zcfzl 不能 Granger 引起 ldb	0.3280 (0.5669)	zcfzl 不能 Granger 引起 sdb	1.2221 (0.2689)
发展潜力	jlrzzl 不能 Granger 引起 zcfzl	1.8992 (0.1682)	jzczzl 不能 Granger 引起 zcfzl	1.0881 (0.2969)
	zcfzl 不能 Granger 引起 jlrzzl	4.7699** (0.0290)	zcfzl 不能 Granger 引起 jzczzl	4.1827** (0.0408)

注：括号内的数值为 p 值，* 和 ** 分别表示在 10% 和 5% 的水平上显著。

表 8.5 的结果表明，资产的负债率与销售的净利率、总资的产收益率、应收账款的周转率和总资产的周转率之间不存在相互的 Granger 因果关系。此外，资金流动比与资金速动比是资产负债率发生变动的 Granger 原因，但资产负债率却不是公司偿债能力发展的原因。可见，资金流动比以及速动比的提高能成为公司资产负债率降低的有效途径之一。资产负债率是净利润增长率和净资产增长率发生变动的 Granger 原因，相反，发展能力指标却不是资产负债率发生变动的 Granger 原因。

9 基于 DEA 模型的体育产业上市公司运营效率研究

随着 2010 年 3 月国务院《关于加快体育产业发展的指导意见》的出台，我国体育产业发展进入了一个新时期。作为一个新兴的朝阳产业，体育产业对经济社会发展的影响越来越明显。作为体育产业的代表，体育产业上市公司不仅反映了体育产业的发展和变化方向，同时其运营模式也对整个体育产业发展及内部的良性竞争有着促进和借鉴作用。因此，有效、准确地计量上市公司的经营效率并且根据效率进行决策对体育产业上市公司的健康发展有着重要的意义。对于上市公司效率的研究，目前学界主要有两种观点：一是技术效率，二是配置效率。技术效率指的是假设某个公司在给定某种产出水平的情况下，相应的投入要素组合的最优理论投入与实际投入的比值；配置效率则反映了假定在某种产出水平条件下，公司产出理论最优产品的数量占实际产出的比重。根据实际情况，上市公司在生产上的投入对于市场来说具有保密性，因此，很难获取上市公司投入要素的数量、价格等信息。所以，我们可以从体育产业上市公司的产出入手，来评价其技术效率。那么在现有的投入产出组合下，体育产业上市公司的技术效率是否达到了最优水平？不同组合的投入和产出对上市公司技术效率有着怎样的影响？这两个问题是本章将要着重分析的内容。

通过查阅 1979~2011 年 CNKI 学术期刊、维普数据库、万方学位论文及人大复印资料的相关科研论文，发现目前多数学者主要是运用数据包络分析（Data Envelopment Analysis，DEA）相关模型对某一时期国内其他行业上市公司的效率进行探讨和研究，而对体育产业企业的绩效评价的研究论著非常少。从已有研究文献对体育产业的研究看，我们发现，对体育产业的研究主要集中在以下几个方面：

一是对单个体育产业上市公司股票的波动性和体育产业的区域性研究，例如陈颀（2001）运用 GARCH 模型对中体产业股票价格的波动性进行了实证研究，结果表明，中体产业股票价格的时间序列存在明显的非线性特征。二是以刘兵等（2004）采用结构方程统计软件对体育产业集群形成与区域发展关系进行了研究。得出了体育制造业集群模型构建的重要性、区域体育资源的利用和挖掘不够以及体育制造业集群的构建与区域发展形成一定的因果关系等研究结论。三是以柴萍、夏碧莹等（2010）为代表研究了我国体育产业政策应用现状，对体育产业转型升级的发展目标、发展战略提出对策建议。四是以陈红玉等（2012）为代表对体育产业与文化产业进行了对比研究。而以体育产业上市公司为样本，对体育产业绩效的研究尚属空白。因此，对体育上市公司绩效的度量能够反映体育市场、行业等方面的效率，明确风险的来源及其程度的大小，对投资者规避风险和管理者监管市场有着一定的参考价值。

9.1 研究方法

9.1.1 DEA 模型介绍

数据包络分析（Data Envelopment Analysis，DEA）模型是美国著名学者 A. Charnes 和 W.W. Cooper 等人于 1978 年提出的一种统计分析方法。

通过融合运筹学、数学、管理科学和数理经济学等多个不同学科的逻辑思想与分析方法，DEA 被广泛运用于判别同类型决策单元间的相对有效程度，是评价多个投入变量和产出变量组合有效性的统计方法。其中，较为常见的是 CCR 和 BCC 模型。其原理是利用数学规划把决策单元（DMU）投影到 DEA 前沿面上，然后通过对比各决策单元与 DEA 前沿面的偏移程度来衡量其是否相对有效。本书将采用规模报酬不变的 CCR 模型来研究体育用品制造业上市公司经营效率。

假设有 n 个 DMU_j（j = 1，2，…，n），每个 DMU 都有 m 种投入方式和 s 种产出方式，分别用 x_{ij}（i = 1，2，…，m）和 y_{rj}（r = 1，2，…，s）表示决策单元的投入和产出要素。其中，x_{ij} 表示第 j 个 DMU 的第 i 个投入要素，y_{rj} 表示第 j 个 DMU 的第 r 个产出要素。因此，标准 CCR 模型的对偶形式可以表示为：

$$\min\left[\theta - \varepsilon\left(\sum_{i=1}^{m} s_i^- + \sum_{r=1}^{s} s_r^+\right)\right]$$

$$\text{s.t.} \begin{cases} \sum_{j=1}^{n} \lambda_j x_{ij} + s_i^- = \theta x_{ij0} \\ \sum_{j=1}^{n} \lambda_j y_{rj} - s_r^+ = y_{rj0} \\ \theta,\ \lambda_j,\ s_i^-,\ s_r^+ \geq 0 \end{cases}$$

其中，x_{ij}（i = 1，2，…，m）表示第 j 个 DMU 的第 i 维投入向量，y_{rj}（r = 1，2，…，s）表示第 j 个 DMU 的第 r 维产出向量，s_i^- 和 s_r^+ 分别为投入松弛变量和产出松弛变量；ε 为非阿基米德无穷小量，一般取 $\varepsilon = 10^{-7}$。

9.1.2   DEA 有效性评价

在数据包络分析法中，在生产前沿面上的投入产出组合最有效率，其效率指标定为 1；不在前沿面上的 DMU 则被认定为无效率，同时，以效率前沿面之有效点为基准，给予一个相对的效率指标（$0 < DMU < 1$）。此外，DEA 还可以判断各个 DMU 投入规模的适合程度，给出各 DMU 调整其投入规模的方向和程度。若 $\theta = 1$，$s^- = 0$ 或 $s^+ = 0$，则 DMU_j 为弱 DEA 有效；若 $\theta = 0$，且 $s^- = 0$，$s^+ = 0$，则 DMU_j 为 DEA 有效。这两种情况下的 θ，λ，s^-，s^+ 为 CCR 模型最优解，可分别记为 θ^*，λ^*，s^{*-}，s^{*+}。若 $\theta < 1$，则称 DMU_j 为非有效 DEA。

规模效率（SE），反映了在最大产出下，上市公司生产组合的边界投入量和最优规模下实际投入的比值。可以用规模效率来评价生产组合在投入导向下是否处于最优生产规模。如果规模报酬递增，那么公司应该增加生产要素投入，扩大产业规模；相反，如果规模报酬递减，那么公司应控制要素投入，缩小生产规模。

9.2 样本和变量定义

9.2.1 投入与产出变量定义

根据国民经济发展的特点以及数据可得性，本书选取的 2010 年体育产业上市公司样本来自香港证券交易所、深圳证券交易所和上海证券交易所。除去主要经营业务亏损、财务数据披露不全以及被 PT 的企业，同时为避免资产重组而导致经营业绩大幅提升造成业绩提升的非正常经营现象，本书也剔除了企业重组或兼并后主营业务发生根本变化的企业，剔除后样本总数为 7 家，其中沪、深证券交易所 5 家，香港证券交易所 2 家。本书选取以下 4 个指标作为投入变量：上市公司的总资产（I_1）、上市流通股的股数（I_2）、员工人数（I_3）和主要经营业务成本（I_4）。选取以下 3 个指标作为产出变量：流通股每股的收益（Q_1）、净利润（Q_2）和主要经营业务收入（Q_3）。

这 4 个投入变量的选择依据是：总资产是企业经济利益的所有资产，是企业生产活动的基础；流通股的股数反映了上市公司的经济规模，对衡量上市公司经营规模有着直观的反映；员工人数既是企业发展的动力源泉，也是上市公司投入要素中最活跃的要素；主要经营的业务成本则与企业的产出效益有重要的关系。产出变量选取每股收益、净利润和主要经营的业务收入的原因是：流通股的每股收益反映了上市公司的投资价值，是分析上市公司价值的一个基础性指标；净利润是反映上市公司盈利能力的重要指标之一，净利润的大小直接关系到上市公司能否可持续发展；只有经营有效率的企业能够产出稳定的净利润序列。而主要经营业务收入在某种程度上反映公司运营实力和公司的成长价值。因此，主要经营业务收入、净利润、每股收益 3 个指标能表示企业的产出规模和经济效益。

9.2.2　数据来源

本书中体育产业上市公司的数据来自于国泰安数据库，并通过中信建投证券公司网站查阅上市公司 2010 年报表及报表附注而得。

9.3　实证分析

9.3.1　体育用品制造业上市公司的规模效益分析

在 CCR 模型中除了关注决策单元（DMU）的有效性问题，通常人们还会用 λ_i 来说明其规模收益状况。假设 λ_i^*（i=1，2，3，…，n）为线性规划问题的最优解，令 $m=\sum_{i=1}^{n}\lambda_i^*$。若 m > 1，它表示上市公司的规模报酬递减，若 m < 1，则表示上市公司的规模报酬递增；若 m = 1，则表示上市公司的规模报酬不变，此时上市公司的投入、产出结构为最优结构。m 值的计算结果如表 9.1 所示。

表 9.1　2010 年体育产业上市公司 DEA 有效性评价

	Score (θ)	m	S_1^-	S_2^-	S_3^-	S_4^-	S_1^+	S_2^+	S_3^+
中体产业	0.61	0.159	258654.65	60001.56	317.57	50643.64	0.045	12947.26	0.001
西藏旅游	1	1	0	0	0	0	0	0	0
青岛双星	0.85	0.610	70924.33	46044.61	6024.40	307165.27	0.58	63926.58	0.003
探路者	1	1	0	0	0	0	0	0	0
信隆实业	0.79	0.211	24599.25	24935.84	5883.34	65401.21	0	11287.49	0.002
李宁	1	1	0	0	0	0	0	0	0
安踏体育	1	1	0	0	0	0	0	0	0

在 CCR 模型中，处于有效生产前沿面上的决策单元均为规模有效。因此，从 2010 年各公司的经营绩效上看，上市公司中，西藏旅游、探路

者、李宁和安踏体育的 m = 1，表明其规模报酬不变，在原投入和产出组合基础上如果再增加一定比例的投入，其产出也会同比例增加，投入和产出要素组合达到了相对较优的状态。而中体产业、青岛双星和信隆实业 3 家公司的 m < 1，表明其规模报酬在现阶段仍处于递增状态。虽然 3 家公司的总资产在 7 家公司中分别位列第 4、第 3 和第 5，员工人数位列第 5、第 1 和第 2，但较多的投入并未带来经营的相对有效，说明资本的投入有效性较低，投入和产出组合未达到最佳规模。从规模收益上看，如果此时增加一定比例的投入，会带来更大比例的产出，从而使其经营有效性得到提升。因此，3 家公司可以考虑增加生产要素的投入，从而增加产出。

9.3.2　体育用品制造业上市公司的投入冗余率和产出不足率分析

在表 9.1 中，S_i^-（i = 1，2，3，4）代表第 j 个 DMU 中第 i 维投入变量与最优投入相比可减少的投入，S_r^+（r = 1，2，3）代表第 j 个 DMU 中第 r 维产出变量与最优产出相比可增加的产出。也就是说，S_i^- 表示在原投入指标 I_{ij}（j = 1，2，3，…，7）的基础上可以减少的投入数量，S_r^+ 表示在原产出指标 Q_{rj} 基础上可以增加的产出数量。在各 DMU 中，投入松弛变量 S_i^- 与对应投入指标 I_{ij} 的比值即为投入冗余率，它表示此种投入指标可以减少的程度；同样，各产出松弛变量 S_r^+ 与对应产出指标 Q_{rj} 的比值为产出不足率，表示该产出指标可以增加的程度。我们对 DEA 无效的体育产业上市公司的投入冗余率和产出不足率进行了计算，结果如表 9.2 所示。

从表 9.2 中可以看出，中体产业、青岛双星和信隆实业都存在投入冗余和产出不足。对比不同公司的投入冗余率和产出不足率，我们定义数值为 0.5 及以上的公司的投入冗余率为高；而对于产出不足率，我们定义

表 9.2　2010 年体育产业上市公司投入冗余率和产出不足率

DMU	投入冗余率				产出不足率		
	I_1	I_2	I_3	I_4	Q_1	Q_2	Q_3
中体产业	0.706	0.958	0.389	0.389	0.480	1.720	7.317E-09
西藏旅游	0	0	0	0	0	0	0
青岛双星	0.151	0.877	0.690	0.533	8.214	17.547	5.193E-09
探路者	0	0	0	0	0	0	0
信隆实业	0.206	0.930	0.901	0.508	0	2.611	1.501E-08
李宁	0	0	0	0	0	0	0
安踏体育	0	0	0	0	0	0	0

数值小于 1 的公司为稍高，数值大于 1 为高。其中，中体产业的总资产（I_1）和流通股的股数（I_2）的投入冗余率为高，其产出不足率除净利润（Q_2）为高，流通股每股的收益（Q_1）和主要经营业务收入（Q_3）为稍高；信隆实业的投入冗余率除总资产（I_1）较低外，其他三项的投入冗余率都高，而产出不足率中净利润（Q_2）为高，主要经营业务收入（Q_3）为稍高；青岛双星则是 3 家公司中的产出不足率最高的，同时其投入冗余率除总资产（I_1）较低外，其他三项也高。

9.3.3　体育用品制造业上市公司的多种不同投入、产出指标方案的 DEA 有效性分析

为了更加有效地模拟现实运营情况，在本书中，我们对 6 种不同投入和产出指标方案下的 DEA 模型进行了分析，并对其结果做出了相应评价（见表 9.3）。这样，指标方案不仅包含了对指标数量的考虑，同时也包含了上市公司实际运营中，对不同投入、产出侧重点的考虑。

表 9.3 2010 年体育产业不同投入、产出组合方案的 DEA 评价结果

DMU	方案						各方案平均 θ 值
	输入指标	I_1, I_2, I_3, I_4	I_1, I_2, I_3	I_1, I_2, I_3, I_4	I_1, I_2, I_3	I_1, I_4	I_1, I_2	
	输出指标	S_1, S_2, S_3	S_1, S_2, S_3	S_2	S_2, S_3	S_2, S_3	S_2	
中体产业	0.61	0.35	0.22	0.35	0.49	0.09	0.35
西藏旅游	1.00	0.66	0.69	0.17	0.70	0.16	0.56
青岛双星	0.85	0.85	0.04	0.85	0.85	0.04	0.58
探路者	1.00	1.00	0.55	0.49	0.58	0.39	0.67
信隆实业	0.79	0.79	0.16	0.77	0.77	0.16	0.58
李宁	1.00	1.00	1.00	1.00	1.00	1.00	1.00
安踏体育	1.00	1.00	1.00	1.00	1.00	1.00	1.00

表 9.3 是 2010 年 7 个体育产业上市公司不同投入、产出方案的 DEA 分析结果。图 9.1 代表了不同投入、产出组合方案下上市公司的平均效率。从表 9.3、图 9.1 可以得出：

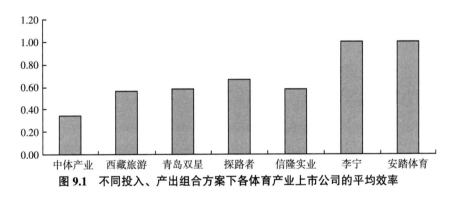

图 9.1 不同投入、产出组合方案下各体育产业上市公司的平均效率

（1）在不同投入、产出组合方案下，李宁和安踏体育的 θ 值始终为 1，表明在 2010 年，这两家公司的投入和产出组合一直处于 7 家公司投入产出组合构成的 DEA 生产前沿面上，同时这也说明了李宁和安踏体育在 2010 年的运行效率相对有效。

（2）西藏旅游、青岛双星、探路者以及信隆实业在不同的方案下，θ 的均值分别为 0.56、0.58、0.67 和 0.58，这四家公司的 θ 值虽然都大于

0.5，但投入产出组合与生产前沿面仍然有很大的距离，说明它们的公司运营效率并不稳定，虽然能在少数投入、产出方案下得到较高的相对效率值，但投入仍然存在较大冗余，未充分发挥投入要素的利用率，因此造成经营效率值较低。

（3）中体产业的 θ 值均值为 0.35，效率值最低，表明中体产业的投入以及产出组合与 DEA 生产前沿面的距离较远，效率值还有很大的改进空间。

10 结论与建议

10.1 研究结论

　　竞争战略与企业绩效之间的关系一直是学界关注的热点之一，目前的大多数研究对象集中在制造业、金融业等传统产业领域，研究点主要集中在竞争战略能否提升企业绩效以及企业实施不同的竞争战略对绩效有何影响等方面。由于我国的体育产业发展较晚，对新兴的体育产业研究还相对较少，基于发展相对成熟产业市场企业数据的研究结论未必适用于新兴的体育产业。本书以中国体育产业上市公司为研究对象，利用改进的 Palepu 战略识别财务指标体系对 2010~2017 年我国体育产业上市公司进行战略识别和分类，从管理者角度和财务报表角度分析了竞争战略的影响因素，检验竞争战略对企业绩效的短期、长期影响，并进一步探讨了企业创新和环境不确定性在企业战略与绩效关系中的影响机制。经过全书的分析研究，最终得到以下主要结论。

10.1.1 关于体育产业上市公司竞争战略识别

利用改进的 Palepu 识别方法，把体育产业上市公司竞争战略分成了低成本竞争战略、差异化竞争战略、低成本差异化竞争战略和无战略四类，在考虑时间序列的影响下，动态地描述了体育产业上市公司不同战略的变迁。

体育产业上市公司战略稳定型的企业共有 5 家，其中，无战略 1 家，低成本战略 2 家，差异化战略 1 家，低成本差异化 1 家。北巴传媒有着高出行业平均水平的经营性营业利润率和经营资产周转率的双高表现，兼顾了产品差异和成本优势，实现了低成本差异化战略。新华都和江苏舜天都采用了低成本的竞争战略，依靠较高的经营资产周转率和较低的售价来获取市场份额。上港集团则在竞争中始终采用差异化竞争战略，全力打造产品的差异化属性，在市场上独树一帜，实现经营性营业利润率高而周转率低的竞争战略。对于国旅联合而言，由于一直在由温泉休闲度假转向文体娱乐产业转型，其主营业务无法为自身带来持续稳定的业绩，因而出现了战略迷失的状态，其竞争战略表现为无战略。

体育产业上市公司战略变迁型企业共有 16 家，其中，有明确差异化战略变迁有 6 家，以低成本为基础进行低成本差异化战略变迁的有 1 家，以差异化为基础进行低成本差异化战略变迁的有 4 家，低成本战略和差异化战略相互替代的有 2 家，还有 2 家企业实施了由低成本差异化战略到无战略的战略退化。

在明确差异化竞争战略变迁的企业中，虽然有些企业由于环境原因或是自身经营原因偶尔产生了无战略状态，但从企业长期竞争战略看，都表现出了差异化竞争战略的方向，代表的上市公司有中体产业、西藏旅游、华录百纳、粤传媒、浙江永强、亚泰集团。

以低成本为基础进行低成本差异化战略变迁的上市公司是青岛双星，它在巩固成本优势的基础上，近几年提出了在行业转型升级中建设智能企业的目标，加大了产品创新的投入，使自身产品在市场上的差异化属性进一步加大，从而实现了低成本战略向低成本差异化战略的转型。

以差异化为基础进行低成本差异化战略变迁的 4 家企业是探路者、

亚太股份、贵人鸟、嘉麟杰，它们在体育市场上巩固产品差异化属性的同时加强了企业内部生产、管理、营销等流程的优化，提高了企业生产经营效率，实现了差异化战略到低成本差异化战略的变迁。

在竞争战略替代中，莱茵体育实施了由差异化竞争战略到低成本竞争战略的过渡，浙报传媒实现了由低成本竞争战略向差异化竞争战略的调整，由于市场的不断变化，上市公司往往会根据市场变化情况，结合自身能力，对竞争战略做出适时调整。

在竞争战略变迁中，我们研究发现，双象股份、雷曼股份都出现了由低成本差异化竞争战略向无战略变迁的战略退化，这充分反映出2家企业在企业战略转型中陷入了迷失状态。

从整体看，绝大部分体育产业上市公司在竞争战略选择中都能根据市场环境和企业自身情况做出有利于自身发展的战略变迁，这主要是由体育产业的属性所决定的，对产品服务比产品生产技术要求要高，资产规模相对较小，当原有产品失去竞争力，不能更好地适应市场时，许多企业能够及时地调整生产、管理、经营等环节，进而改变竞争战略，实现企业绩效最优。

10.1.2　关于管理者视角竞争战略选择的影响因素

本书利用问卷调查法和专家访谈法，从资源型因素、能力型因素、环境型因素等方面入手，构建体育产业公司竞争战略影响因素指标体系，然后运用AHP法对我国体育产业公司竞争战略因素进行分析，确定影响体育产业公司战略选择的因素。

研究结果表明：在影响体育产业公司竞争战略因素层判断矩阵中资源型因素、能力型因素、环境型因素所占权重比分别为0.1466、0.4672、0.3861，表明了能力型因素对体育产业公司竞争战略选择影响最大，环境型因素对战略影响次之，资源型因素影响最小。从单个因素看，影响体育产业公司竞争战略因素的权重具有明显的层次性，营业利润率影响最大权重达到了 12.15%，体育人口数量权重达到了 11.42%，销售毛利率权重达到了 10.30%。

从不同战略类型看，能力型战略类型中对体育产业企业竞争战略选择影响因素最大的是营业利润率。环境型战略类型中对体育产业企业竞争战略选择影响因素最大的是体育人口数。环境型战略类型中对体育产业企业竞争战略选择影响因素最大的是总资产。说明体育产业企业自身的总资产和经营能力以及外部体育人口数量对竞争战略的影响较大。

10.1.3　基于财务竞争战略的影响要素研究

（1）对于体育产业上市公司采用不同的竞争战略在绩效上的表现来看，低成本差异化竞争战略绩效＞低成本竞争战略绩效；低成本差异化竞争战略绩效＞差异化竞争战略绩效；低成本竞争战略绩效＞差异化竞争战略绩效；低成本竞争战略绩效＞无战略绩效；差异化竞争战略绩效＞无战略绩效。可以推导出：低成本差异化竞争战略绩效＞低成本竞争战略绩效＞差异化竞争战略绩效＞无战略绩效。说明了体育产业上市公司采用不同的竞争战略在绩效上的表现来看，低成本差异化竞争战略绩效最优，低成本竞争战略次之，差异化竞争战略表现一般，无战略绩效表现最差。

（2）在销售费用占营收比上，无战略投入最少，低成本竞争战略投入次之，差异化竞争战略投入较多，低成本差异化竞争战略投入最多。

（3）对于管理费用而言，无战略投入最多，差异化竞争战略次之，低成本竞争战略占比更小，低成本差异化竞争战略投入最小。

（4）在资产负债率方面，采用无战略的上市公司负债率最大，差异化竞争战略次之，低成本差异化第三，低成本战略资产负债率最低。

（5）在无形资产的投入上，差异化竞争战略投入最大，低成本差异化竞争战略次之，低成本竞争战略相对较小，无战略在无形资产的投入上最小。

10.1.4 竞争战略对体育产业上市公司绩效影响

在竞争战略识别的基础上，运用多元回归和面板数据检验了两种竞争战略与企业绩效的关系。结果表明：

从短期影响看，低成本竞争战略和差异化战略都能给体育产业上市公司带来绩效增长，从而增加企业的竞争优势。在短期影响中，体育产业上市公司实施低成本战略所带来的绩效增长要高于实施差异化战略的公司。

从长期影响看，低成本竞争战略对体育产业上市公司绩效没有显著影响，差异化竞争战略对体育产业上市公司绩效有显著影响，从而增加了体育产业上市公司的竞争优势。从长期影响看，差异化战略对长期绩效的影响更大、更持久。可能由于人们生活水平的提高，对体育产品的消费更加注重品质，因此差异化的战略影响更大。

10.1.5 创新投入对竞争战略与企业绩效关系的中介效应

本书构建了以创新投入为中介变量的回归模型，旨在进一步检验低成本竞争战略和差异化战略对企业绩效的影响机制。研究结果表明：

低成本竞争战略对创新投入的系数是 -0.1733152，是负值，说明低成本战略与创新投入负相关，表明低成本竞争战略对创新投入没有正向影响。

差异化战略对创新投入的系数是 0.786751，是正值，且 P 值在 1% 的水平上显著，说明差异化竞争战略对创新投入有显著性影响。

创新投入对企业绩效的系数是 8.603123，且 P 值在 1% 的水平上显著，说明体育产业上市公司创新投入对企业绩效具有正向影响。

由于低成本竞争战略在回归分析的第一步、第三步中回归系数为负数，且低成本竞争战略对上市公司企业绩效的直接效应大于其对企业绩效的总效应（-0.141936 > -1.510113），并在第二步中，低成本竞争战略对创新投入的回归系数也为负数，说明低成本战略不能对创新投入有正向影响，表明企业创新投入在低成本战略对企业绩效的影响中具有中介效应不成立，因此表明体育产业上市公司创新投入在低成本战略中没有中介效应。

创新投入在差异化竞争战略对企业绩效的影响中，每一步的回归系数为正数且P值都非常显著，第三步的系数小于第一步的系数（30.41907 < 33.53304），在创新投入对绩效的影响中，系数为8.603123，且P值非常显著，说明创新投入在差异化竞争战略对企业绩效的影响中具有中介效应。

10.1.6 环境不确定性对体育产业上市公司竞争战略与公司绩效关系的调节效应

低成本战略因子和差异化战略因子的回归系数为正，且都具有显著性差异，说明低成本战略和差异化战略通过战略的实施都能使企业绩效增加，模型中环境动态性（DT）回归系数为负，表明与企业绩效之间的关系为负相关关系，并且呈现显著性差异，说明体育产业环境动态性越高，企业绩效越低。因为环境动态性高，表明会导致市场集中化程度低，企业的竞争相对更加激烈，要提高企业绩效相对较难。

低成本战略和环境动态性的交互项（DT*Lowcost）回归系数为正，且呈非常显著关系，说明环境的动态性在低成本竞争战略和企业绩效之间具有正向且非常显著的调剂作用。而差异化竞争战略与动态环境的交互项中回归系数为负且不显著，表明在体育产业中，环境的动态性在差异化竞争战略对企业绩效的影响中没有调节作用。

在竞争性环境下竞争战略与企业绩效的关系中，低成本战略因子和差异化战略因子的回归系数为正且都具有显著性差异，说明在竞争性的环境下，低成本战略和差异化战略都能通过战略的实施使企业绩效增加，这也和其他产业领域的研究结论一致。

环境竞争性（JZ）回归系数为正，表明环境竞争性与企业绩效之间的关系为正相关关系，并且呈现显著性差异，说明体育产业环境竞争性越高，企业绩效表现越好。因为环境动态性高，表明市场上竞争对手众多，市场集中化程度低，没有垄断企业出现，只要从业企业采用合理的竞争战略，提高企业绩效相对容易。

差异化战略和环境竞争性的交互项（JZ*Lowcost）回归系数为负，且呈非常显著关系，说明环境的动态性在低成本竞争战略和企业绩效之间具有正向且非常显著的调节作用。而差异化竞争战略与动态环境的交互项中回归系数为负且不显著，表明在体育产业中，环境的动态性在差异化竞争战略对企业绩效的影响中没有调节作用。

10.1.7 中国体育产业上市公司股权结构与公司绩效

（1）体育产业上市公司第一大股东持股比例与公司绩效呈正相关关系。这与市场中普遍认为"一股独大"不利于上市公司发展的观点相矛盾，我国体育产业正处于发展阶段，对于体育产业上市公司来说，如果控股股东持有公司股票比例过低，其他因素将变得不可控，更容易影响上市公司的绩效。随着第一大股东持股比例的增加其他股东影响公司的行为、动机就会逐渐减弱。所以在体育产业发展的初级阶段第一大股东持股比例高对上市公司的发展有积极影响。

（2）体育产业上市公司法人股持股比例与公司绩效呈正相关。事实上，我国的体育产业上市公司的法人股东绝大部分都是公司的控股股东，对公司有绝对的控制权，其他股东股份较少或相对少。从而避免了其他因素对公司业绩的影响，从而有利于公司的发展。但从长远的发展来看，这种绝对控股对公司治理，改善企业经营绩效也有阻碍，目前虽然法人股比例与体育产业公司绩效为正相关，可能是因为我国体育产业才刚刚起步，处在一个高速发展的阶段，因而会出现正相关的结果，但是随着体育产业的不断发展，市场的不断完善，这种绝对持股和上市公司的绩效还有待市场的检验。

（3）体育产业上市公司流通股股东与公司经营绩效呈负相关，但没有显著影响。对于体育产业上市公司而言，许多流通股股东通常只关心短期股票买卖，从中获得差价利润，并非看重公司长期发展所带来的红利、股息收入。很明显，分散的流通股股东既不想也不能监管公司的发展，频繁的买卖交易会使流通股股东的市场监督权力形同虚设。但我国体育产业要高速发展就必须依托资本市场。因而，加快发展资本市场能为我国体育产业的健康发展创造良好的基础。

10.1.8 我国体育产业上市公司经营效率评价的相关结论

本书利用因子分析对体育产业 A 股、H 股 11 家上市公司的投入、产出要素进行提公因子处理，在此基础上对公因子进行相应的数据转化，然后运用数据包络分析对上市公司的技术效率、纯技术效率、规模收益、改进目标等做了相关分析。

（1）探路者、中国动向、匹克体育的技术效率以及纯技术效率值为 1。在生产前沿面上，3 家公司的规模收益不变，这表明探路者、中国动向、匹克体育公司的投入和产出结构达到了最佳规模，投入和产出效率相对较好。

（2）在体育产业上市公司中有 5 家公司处于规模收益递增的阶段，有3 家公司处于规模收益递减的阶段。中体产业、西藏旅游、青岛双星、信隆实业、特步国际规模收益递增表明了这几家公司可以扩大生产规模，以获取更好的收益。李宁、安踏体育、361 度规模收益递减说明它们在原有的生产规模上，生产扩张出现了负增长。

（3）在所有上市公司中，有 8 家上市公司在投入能力、经营能力、发展潜力和盈利能力上需要进一步改进，才能获得更好的效益。其中安踏体育在投入能力的改进空间最大；青岛双星、中体产业在经营能力上具有较大的提升潜力；中体产业、青岛双星和信隆实业的发展能力还有提升的空间；特步国际和 361 度在盈利能力方面还可以进一步提升。

10.1.9　体育产业微观资本结构影响因素的相关结论

本书运用向量自回归的分析方法，采用模型对中国体育产业市场的微观因素与体育产业上市公司资本结构的关系进行研究，由实证结果可以看出，上司公司微观因素如盈利能力、运营能力、短期偿债能力以及发展能力对体育产业上司公司资本结构有一定的影响。

（1）从长期看，上市公司的盈利水平、营运水平、短期偿债能力、发展潜力与资本结构之间存在显著关系。其中，销售的净利率、总资产的收益率与资产负债率显著负相关，说明体育产业上市公司销售净利率提高对其公司资产负债结构具有优化作用。资产负债和应收账款周转率、总资产周转率显著负相关，说明体育产业企业的营运能力进一步提高，资产利用率增强，更多地采用自有资金，便会降低负债比例尤其是长期负债比例。资产负债与资金结构表明资产负债率越高，资金流动比越低。资产负债与资金速动比显著正相关，说明资产负债率越高，如果流动比率较高，但资金速动比性很低，则企业的短期偿债能力仍然不高。资产负债与净利润增长率和净资产增长率呈现负相关关系，但只有净资产增长率对资产负债率有显著的负向影响。

从短期波动看，我国体育产业的盈利水平、短期偿债能力、发展潜力都对资本结构有一定的影响。我们可以看到，短期内，盈利水平指标——销售的净利率以及总资产的收益率与公司资产负债率具有负向作用，但各变量系数的 t 值均不显著。这表明盈利能力指标对资产负债率有短期降低的作用，不过效果均不明显，这可能与公司内部政策的调整以及盈利的稳定程度有关。在公司发布针对发展的内部激励政策时，整体运营环境相对较好，但同时也面临外界宏观政策因素的影响，这样就有可能造成盈利上升但资产负债比例并未下降的现象。

同时，运营水平指标——应收账款的周转率和总资产的周转率，偿债能力指标——速动比和流动比以及发展潜力指标——净利润的增长率和净资产的增长率，与资产负债率也都具有短期的负相关关系，但系数的 t 值均不显著。这表明短期内公司的运营水平、偿债能力或发展潜力的提升还是有助于资产负债比率的下降，但效果并不明显。

（2）从因果检验看，体育产业上市公司的资产的负债率与销售的净利率、总资产的收益率、应收账款的周转率和总资产的周转率之间不存在相互的 Granger 因果关系。资金流动比与资金速动比是资产负债率发生变动的 Granger 原因，但是资产负债率却不是公司偿债能力发展的原因。可见，资金流动比以及速动比的提高能成为公司资产负债率降低的有效途径之一。此外，资产负债率是净利润增长率和净资产增长率发生变动的 Granger 原因，但相反，发展能力指标却不是资产负债率发生变动的 Granger 原因。从这里可得出，公司资产负债率的降低在一定程度上说明了公司内部可用于融资的资产增加，为公司在市场上的发展提供了充足的资金来源，是公司发展的重要条件。

（3）随着国务院办公厅发布《关于加快发展体育产业的指导意见》方案的出台以及股权分置改革的逐步完成，上市企业的治理结构必然会发生变化，而治理结构的改变又会影响资本结构优化行为。这些变化都需要更进一步的研究和探讨。由于我国体育产业正处于高速发展期，很多政策、环境还在不断地发展、完善，本书采用计量经济学、统计学等分析方法，仅对中体产业等 7 家上市公司行了实证研究，其研究结论并不能代表体育产业这一板块的整体状况。因此，建议随着体育产业的不断发展和完善，在条件允许的情况下，运用多种数量经济学研究方法来综合分析微观因素对体育产业资本结构的影响，为投资者作出合理的投资决策及管理机构出台相关的政策提供更多的依据。

10.1.10　基于 DEA 模型的体育产业上市公司运营效率结论

（1）2010 年李宁股份有限公司和安踏体育的规模效益不变，并且在不同的投入、产出方案下，李宁和安踏体育的 θ 值均为 1，始终保持处于 DEA 生产前沿面上，这表明李宁和安踏公司的投入和产出结构达到了最佳规模，经营效率在 7 个体育产业上市公司中相对较好。

（2）西藏旅游和探路者的 m 值也都为 1，位于生产前沿面上，但是在不同投入、产出方案下，它们的经营效率值会发生剧烈的波动，这说明与李宁和安踏两家公司相比，其投入要素的利用率相对较低，还不能达到一个充分稳定的要素资源利用状态。

（3）中体产业、青岛双星和信隆实业三家的 m 值分别为 0.159、0.610 和 0.211，都小于 1，说明其规模报酬处于递增阶段。如果增加相应的生产投入，会带来更大的产出。青岛双星投入冗余率高，说明其较差的投入要素利用率制约了产出的提升，因此造成了较高的产出不足率。而中体产业和信隆实业的投入要素中分别有两项和三项投入的冗余率高，产出不足率为稍高，表明这两家公司在投入要素和产出要素上都需要进一步改进。

10.2　对策与建议

本书应用改进的 Palepu 战略识别财务指标体系，识别了我国体育产业上市公司采用的竞争战略类型及战略发展变迁趋势，在此基础上，从管理者视角和市场财务数据视角分析了影响竞争战略选择的因素。进一步分析、刻画了体育产业上市公司竞争战略对企业绩效的影响机制，这种影响既包含了短期、长期的直接效应，又加入了企业创新投入和环境因素等要素的中介效应和调节效应。在分析我国体育产业上市公司竞争战略与绩效的研究结论技基础上，结合我国体育产业发展的现状，本书总结了以下几点对策与建议，希望能为我国体育产业上市公司乃至体育产业的发展战略提供科学依据。

10.2.1 注重分析企业竞争战略影响因素，构建合理的竞争战略定位，培育核心竞争力

由于体育产业在我国发展较晚，战略管理对大多数体育产业企业而言刚刚起步。企业由于缺乏战略规划，产业企业受市场的影响就比较大，市场需求什么，企业就投资生产什么，其后果必然会造成许多产业企业产品的大量积压，最终被市场选择淘汰。我国正处于体育产业发展的关键时期，树立正确的战略管理理念，培育体育产业企业核心竞争能力，不要盲目多元化企业产品或服务，是企业持续成长的基本保证，通过优化体育产业企业的产品结构，努力提企业高创新能力才能不断增强盈利能力，建立体育产业企业可持续发展的机制。

竞争战略对体育产业的发展至关重要，是体育产业公司能够生存并持续发展的必要前提。目前，我国体育产业正处在转型升级的关键时期，体育产业的发展模式不断改变将会进一步加剧体育产业市场的波动，体育产业公司要结合自身的特点，从行业发展特征、竞争环境、企业自身发展目标和竞争战略特性选择适合自身发展的战略。

要根据产业发展特征和企业发展要求选择竞争战略，实证研究表明，体育产业上市公司采用竞争战略的绩效表现要优于无战略公司的绩效表

现。从短期影响看，低成本战略和差异化战略都能给体育产业上市公司带来绩效增长，从而增加企业的竞争优势。在短期影响中，体育产业上市公司实施低成本战略所带来的绩效增长要高于实施差异化战略的公司。

从长期影响看，低成本竞争战略对体育产业上市公司绩效没有显著影响，差异化竞争战略对体育产业上市公司绩效有显著影响，从而增加了体育产业上市公司的竞争优势。从长期影响看，差异化战略对长期绩效的影响更大、更持久。因此，要求体育产业上市要不断分析、优化公司产品和服务的竞争力，使企业在产业内始终保持差异化的领先地位，为企业长期发展打下坚实的基础，从而取得长期的竞争优势。

从竞争战略管理看，要求无战略上市公司或者实施低成本竞争战略的上市公司，其长期战略规划必须向差异化竞争战略或者低成本差异化竞争战略升级。因为从实证结果看，体育产业上市公司实施差异化竞争战略和低成本差异化竞争战略的绩效表现要优于实施低成本竞争战略的公司，这与近年来体育产业市场需求旺盛和人力资本上涨紧密相关。这充分说明体育产业以过去靠人口红利和低价格为主要盈利手段的时期已经过去。由此，实施创新是势在必行的，低成本战略需要向差异化战略和低成本差异化战略发展。

许多研究表明，企业采用竞争战略具有一定的滞后性，因而应建立长期的以差异化竞争战略甚至是低成本差异化竞争战略为主导的竞争战略，提高上市公司的资源配置效率，才是体育产业上市公司的正确选择。

10.2.2 体育产业上市公司要加强创新研发投入，提升研发效率和质量

放眼全球体育产业竞争越来越激烈，产业更新换代周期越来越短，这就要求企业都必须要实施创新，注重研发的效率和质量，这个创新包括技术的创新、内容的创新、商业模式的创新，通过全方位的创新，推

动企业的发展，才能保持市场的竞争力。创新和运营升级是体育产业高质量发展的核心驱动力和有效支撑。根据实证研究得出，体育产业上市公司创新投入在差异化竞争战略对企业绩效的影响中具有中介效应，上市公司创新投入对企业绩效的提升具有显著的正向作用，研发投入越多，企业绩效表现相对越好。所以，上市公司要在保证企业生存的前提下，有目的、有计划地加大对研发投入的力度。

10.2.3　重视环境因素对企业绩效的影响，积极应对环境变化

良好的外部环境是体育产业发展的条件之一，随着体育产业规模不断扩大，结构不断优化，体育产业上市公司面临的经营环境越来越复杂。环境的竞争性和动态性变化速率很快，而体育产业本身具有周期长、见效慢的特点，使得从业企业对环境的适应具有一定滞后性，企业如何能够又快又好地适应环境竞争和动态变化成为企业经营成败的关键点。

具体来说，在环境的动态性的条件下，在低成本竞争战略和企业绩效之间具有正向且非常显著的调节作用。实施低成本竞争战略的企业要更加重视这些因素，积极调研对企业发展带来的影响，以进行动态控制。而对于实施差异化竞争战略的企业来说，在这种环境下要更加注重企业内部的战略执行力等组织行为。不论实施低成本战略还是差异化战略，都不要盲目扩张，实证表明，在体育产业中较大的资产规模对企业绩效没有实质性的促进，相反，过大的资产规模会带来企业绩效低的表现，这充分说明在环境动态性的影响下，做大对于体育产业而言不会产生规模效应，不会带来绩效增长。

体育产业环境竞争性，会给体育产业企业带来良好的绩效表现，因为环境竞争性高，表明市场上竞争对手众多，市场集中化程度低，没有垄断企业出现，只要从业企业采用合理的竞争战略，提高企业绩效相对容易。但随着竞争性的加剧，体育产业上市公司一定要不断改进产品和

服务质量，重视产品和服务的差异化属性，因为低成本战略的优势会逐渐减弱。

10.2.4 进一步完善体育产业相关的法律法规，建立健全体育产业配套政策体系，引导体育产业企业可持续发展

体育产业政策的根本目标是优化产业资源配置，通过制度创新来激发多元主体的发展活力。许多研究实证表明，产业政策的出台，能迅速激发多层次体育资本市场活力。

（1）研制具有战略性体育产业行业的法规制度，要继续修订、完善体育产业相关政策法规，按照国家《体育产业发展"十三五"规划》和《关于加快发展体育产业促进体育消费的实施意见》继续推进、细化制定与体育产业发展配套的政策措施，比如全民健身用地问题、场馆设施用地问题等。进一步完善体育产业市场的监管，切实落实现行国家支持体育产业发展的税费价格、规划布局与土地政策，加大对政策执行的跟踪分析与监督检查进一步与有关部门合作，研究推进体育产业发展的各项政策措施，完善体育产业政策体系营造良好的产业环境，政府相关部门应该以市场为导向来引导资源优化配置，减少政府干预，增强体育产业政策的针对性，努力营造公平公正的市场竞争环境。

（2）建立健全体育产业的配套政策体系，将体育产业发展纳入各级政府经济社会发展规划。虽然近几年在建立配套政策体系上也进行了诸多实践，但由于我国体育产业市场发展较晚，缺乏相关配套政策的实践，还没有建立、健全高效的配套政策体系。因此，建立健全体育产业金融支持、吸引社会投资、强化政策落地，完善政策体系势在必行。相关配套政策体系，特别是财税政策体系，需要不断实践、优化、完善，才能对体育产业市场进行有效的引导，进而使体育产业上市公司更好、更快地发展。

（3）建立体育产业投融资体系，首先是要建立完善的体育产业投融资制度，要以立法的形式明确投融资的主体、范围和原则。其次要建立完善体育产业投融资的机制，这种机制包含了体育产业的激励、补偿、风险约束资本进入和退出机制，最后要多元化拓宽体育产业的投融资渠道。按照《体育产业发展"十三五"规划》的要求，鼓励有条件的省市设立体育产业引导基金，充分发挥体育产业市场对资源配置的基础性作用，形成政府引导、社会参与、企业主导的多元化体育产业投资环境。优化资金使用方向、创新资金使用方式，提高资金使用效益。设立由政府引导、社会资本筹资的体育产业投资基金，鼓励各地政府引导设立地方体育产业投资基金。创新中央转移支付资金支持方向、优化资金支持项目，充分发挥转移支付资金的杠杆作用。推广运用政府和社会资本合作模式（PPP），比如对从业公司在体育赛事赞助、捐赠等方面进行税费减免，积极吸引社会资金投资体育产业，支持社会力量进入体育产业领域。发挥多层次资本市场作用，支持符合条件的企业上市。鼓励符合条件的企业发行企业债券，鼓励金融机构拓宽对体育企业贷款的抵押品种类和范围等。

（4）构建体育产业专业人才体系政策。体育产业发展离不开专业人才，产业上市公司的发展更离不开懂专业、善经营的高层次人才，人才体系的构建，可以为体育产业持续健康地发展提供源源不竭的动力。根据有关统计，我国体育产业从业人员占总就业人口的比例仅有0.4%，表明我国体育产业人力资本相对比较匮乏。因此，在政府层面应该应加大高层次专业人才的引导和吸引，在户口、住房等方面给予政策支持。引导全社会创新要素向骨干体育企业主动聚焦，营造良好氛围。在企业层面要加强构建相关的制度，增加人才储备，提升从业人员专业水平，加强研究机构合作，强化产学研一体化构建，以加强人才要素的流动，全面提升体育产业发展水平。

10.2.5 构建合理的体育产业上市公司股权结构

（1）虽然当前在我国体育产业外部市场环境和相关制度条件下，相对集中的股权结构似乎更加适合上市公司发展的需要，但正如上述实证分析的那样，如果股权结构过度集中都有其不可克服的缺点，这种缺点会随着公司的发展和市场的完善而不断地暴露出来，阻碍公司的长远发展。因此，我们要循序渐进地引导投资者参与公司治理，特别是专业机构、组织的投资者，他们为了规避风险，对进行投资的项目都会进行严格评估分析，然后利用它们在某一领域参与治理的成功经验推广到体育产业上市公司中，在经济上更具有合理性，也能够引导体育产业上市公司向更好的方向发展。

（2）体育产业上市公司要有组织、有计划地吸收代表不同股东利益主体的群体，形成相对均衡的股权结构。通过对股权收购、分置、转让等方式不断优化股权结构，使公司所有权、经营权和控制权的相对独立。从而使上市公司股权相对集中，虽然有相对控股股东，但也会有其他大股东参与决策。

（3）发展以资本市场为基础的公司外环境管理、治理机制，减少行政干预。增加对体育产业上市公司政策支持力度，鼓励相关企业间并购、重组，使资源得以整合利用，以提高企业规模效率。中国的体育产业上市公司由于起步较晚，保护投资者的法规制度体系还需进一步完善，市场和管理制度对大股东及管理层的约束非常有限，个人行为很容易干预上市公司的日常运营和重大决策。特别是相关产业联盟难以顺利进行，所以上市公司并购与重组行为较少发生，这种发展策略指导下的体育制造业上市企业就很难实现规模经济，很难实现跨区域经营，做大做强品牌。

综上所述，我国体育产业处在初步发展阶段，产业市场化还在不断地发展、完善，市场的监管不完善、企业信息披露也不完整，所以资本市场不能完全反映很多公司股权结构和公司绩效，但我们仍然能从中得到一些启示，选择有利于、适合公司长期可持续发展和股东价值增长的股权结构，为我国体育产业市场提供一些有益的参考。

10.2.6　优化资源配置，提高我国体育产业上市公司运营效率

基于对体育产业上市公司的因子分析和数据包络分析，本书认为，体育产业上市公司的经营效率水平的提高，必须要适应当前体育产业市场的需要，以市场经济的产业机遇为突破口，建立体育产业的合理发展机制。具体来说，不仅要加大对体育产业生产要素的投入，而且要以技术创新为基础结合体育产业的特点建立相关管理体系。优化资源配置，提高资源利用效率并在此基础上形成产业集聚，最终产生规模效应。具体建议如下：

（1）针对各体育产业上市公司出现的技术效率非有效问题，可以根据其目标效率值对投入能力、经营能力等方面做出改进。对于投入能力冗余造成 DEA 非有效，应该合理布局要素配比，优化要素结构；若经营能力较低，则应从人力资本和生产管理程序来改进，设立完善的管理和经营考核体系。

（2）由于体育产业上市公司规模在短期内迅速扩大，快速膨胀的结果使得整个管理体系相对落后，容易造成规模效益递减。因此，除了相应地减少冗员、精简企业机构外，体育产业上市公司还应优化要素投入，增加规模收益。若公司规模效益递增，应加大投入要素的配比份额，从而实现公司生产规模的扩张及经营利润的增加。

（3）从政策层面鼓励企业进行相应的技术创新和产品创新，促进企业层面以及企业和高校层面间的多重交流，不断激发企业合作和校企合作，扩大体育产业的资本市场。由于在我国，体育产业还是一个新兴产业，运行机制尚不完善，所以政府和证券市场应该多出台有利于体育产业发

展的相关政策，多鼓励并吸引具有发展空间和发展潜力的体育产业公司上市，从而促进体育产业的发展。

10.2.7 扩大体育产业要素资源的投入，形成产业集聚，产生规模效应

基于上述研究分析，本书认为，全面提升体育产业上市公司的经营效率，加快体育产业发展，要以当前世界经济发展变化和国内"奥运经济""亚运经济"的产业机遇为契机，推进体育产业的产生和良性发展机制。不仅要不断扩大体育产业要素资源的投入，而且要更加注重体育产业的相关管理体系创建和生产技术创新。在逐步优化投入资源比例的同时，合理配置投入和产出要素，加强引进并革新相关领域技术以改善技术水平。在此基础上，进一步综合自身优势对公司进行准确的产业定位，并充分发挥自身的产业辐射效应在区域内形成产业集聚，最终产生规模效应。

（1）上市公司的规模效益递减，建议从投入要素出发找寻原因，比如精简企业机构、减少冗员，优化成本投入，增加规模收益。在规模效益递增的情况下，上市公司应该通过提高投入配额，或者扩大主营业务投资以及增加发行股票等方法实现公司资本总量的扩张，从而实现经营收入的增加。

（2）对于各上市公司存在的投入冗余和产出不足造成的决策单元非DEA 有效的问题，若投入要素冗余率较高，但产出较低，则应注重优化投入要素的结构，并提高要素质量从而增加产出；若上市公司存在投入冗余率较低，但产出不足率较高的情况，则应从生产要素的配置过程以及技术创新角度来改进产出水平，同时，还可把各决策单元的投入和产出要素逐一进行对比，以探寻造成投入冗余和产出不足的主要原因。

（3）弱化政府对体育产业上市公司的行政干预，在政策允许范围内增

加对体育产业上市公司的相关支持，创造企业间并购重组的政策氛围，从而使企业产生规模效益。中国的体育产业上市企业由于起步较晚还处于发展阶段，而由于地方保护主义行为，使得上市公司在进行产业运营和制定重大决策的时候更容易受到政府的行政干预。这样的发展环境导致体育产业上市公司很少发生并购与重组，继而较难实现跨区域经营和规模经济。

10.3 研究展望

体育产业的快速增长为体育产业上市公司的发展带来了巨大机遇，特别是 2016 年 5 月，国家体育总局颁发了《体育产业发展"十三五"规划》。《规划》明确规定到 2020 年，我国体育产业总规模超过 3 万亿元，在国内生产总值中的比重达到 1%。这表明会有更多的战略性投资和财务性投资资金流向体育产业市场，使市场环境变得更加复杂多变，加大了市场的动态性和不确定性，对体育产业企业的生存和发展提出了更大的挑战。

本书在采用 Palepu 分析框架的基础上进行了体育产业上市公司竞争战略的测度与分析，尝试寻找体育产业上市公司竞争战略对企业绩效的影响机制。尽管本书在理论构建和实证分析上基本达到了预期的研究目标，获得了对体育产业上市公司有理论意义和实践价值的研究结论，但由于研究问题的复杂性，以及个人研究能力和研究条件等方面的原因，本书在许多方面还有一定的不足和缺憾，主要集中在以下几个方面。

10.3.1 样本选择和数据收集

首先，考虑到体育产业上市公司数据的一致性，我们主要考虑了在上海证券交易所和深圳证券交易所的体育产业上市公司，没有把在香港证券交易所和美国纳斯达克上市的体育产业上市公司纳入在内，而香港证券交易所和美国纳斯达克集中了我国体育用品制造业为主的体育产业上市公司。未来的相关研究可以在统一年报数据标准的基础上，扩大样本数量，使体育产业上市公司竞争战略与绩效的研究更具有代表性。

其次，除了体育产业上市公司外，我国体育产业市场上的非上市公司才是构成体育产业市场的主体，体育产业公司数量庞大，为了能更好地反映体育产业企业竞争战略与绩效的关系，有必要对我国非体育产业上市公司进行深入的调查和实证研究。同时，进一步分析对比我国体育产业上市公司和非上市公司在竞争战略选择、企业绩效和环境对企业影响等方面的相似性和差异性。

最后，本书主要采用了利用上市公司财务报告的数据，但财务报告的数据具有一定的局限性和滞后性，比如对体育产业上市公司创新的测度我们就可以利用调查问卷的方式，对上市公司进行跟踪调查，来获得数据。

10.3.2 变量的选择与测度

在体育产业上市公司经营绩效的评价中，本书采用 DEA 方法对上市公司的经营效率进行了评价。在对各上市公司规模收益和投入、产出有效性进行分析的基础上，对体育产业上市公司的投入冗余率和产出不足率进行了计算，并且分析了不同的输入、输出指标方案对 DEA 模型评价结果的影响。此外，由于受到数据和一些其他因素的限制（如没有考虑环境变量的作用），本书并未对影响体育产业上市公司经营效率的因素进行分析，这可能对体育产业上市公司生产效率的测算产生了一定影响，这也是未来研究应该完善的部分。

在体育产业上市公司竞争战略与企业绩效的关系中，我们仅选取了创新投入作为中间变量，实证了创新投入在两者间的中介作用。但除了创新投入以外，还有很多其他因素可能会影响竞争战略与企业绩效的关系，比如股权结构、企业成长性等因素，因此在未来进一步的研究中可以更多、更全面地考察相关变量，将是未来进一步研究的方向。

本书在考察环境变量对竞争战略与企业绩效的关系时，考虑到数据的可获得性，仅考察了外部环境因素的影响，而对上市公司组织结构、规模等企业内部环境因素没有做相关深入的研究，在环境变量的刻画上也仅用了动态性、复杂性的单一变量。因此，未来进一步的研究，可同时考察体育产业上市公司环境内外部相关因素，扩大环境变量的相关指标，更加全面地分析、刻画影响机制。

参考文献

［1］Ansoff H.I. Corporate Strategy ［M］. Mc Graw-Hill, New York, 1965.

［2］Dave Francis. Step -by -step competitive strategy ［M］. London: Routledge, 1994.

［3］Miles R.E., Snow C.C. Organizational Strategy, Structure and Process ［M］. New York: Mcgraw-Hill, 1978.

［4］Mingtzberg H.Patterns in Strategy Formation ［J］. Management Science, 1978, 24（9）: 934-948.

［5］Eva M.Pertusa-Ortega., Jose F. Molina-Azorin., Enrique Claver-Cortes. Competitive Strategies and Firm Performance: A Comparative Analysis of Pure, Hybrid and "stuck-in-the-middle" Strategies in Spainish Firms ［J］. British Journal of Management, 2009（20）: 508-523.

［6］Eva M. Pertusa-Ortega., Jose F. Molina-Azorin., Enrique Claver-Cortes. Competitive Strategy, Structure and Firm Performance: A Comparison of the Resource-Based View and the Contingency Approach ［J］. Management Decision, 2010, 48（8）: 1282-1303.

［7］Wright, P. A Refinement of Porter's Generic Strategies ［J］. Strategic Management Journal, 1987, 8（1）: 93-101.

［8］Dess Gregory G., Davis Peter S. Porter's（1980）Generic Strategies As Determinants of Strategic Group Membership and Organizational Performance ［J］. Academy of Management Journal, 1984, 27（9）: 467-488.

[9] Robinson R.B., Pearce J.A. Planned Patterns of Strategic Behavior and Their Relationship to Business Unit Performance[J]. Strategic Management Journal, 1988 (9): 43-60.

[10] Spanos Ye., Zaralis G., Lioukas S. Strategy and Industry Effects on Profitability: Evidence from Greece [J]. Strategic Management Journal, 2004, 25 (2): 139-165.

[11] Acquaah M., Yasai-Ardenkani M. Does the Implenmentation of A Combination Competitive Strategy Yield Incremental Performance Benefits? A New Perspective from a Transition Economy in Sub-Saharan Africa[J]. Journal of Business Research, 2008, 6 (4): 346-354.

[12] Kim, L., Y. Lim. Envirmonment, Generic Strategies, and Performance in a Rapidly Developing Country: A Taxonomic Approach [J]. Academy of Management Journal, 1988 (31): 802-827.

[13] Miller A., Dess G. Accessing Porter's (1980) Model in Terms of Its Generalizability, Accuracy and Simplicity [J]. Journal Management Study, 1993 (30): 553-585.

[14] Dess G. G, Davis P. S. Porter's (1980) Generic Strategies as Determinants of Strategic Group Membership and Organizational Performance [J]. Academy of Management Review, 1984, 27 (3): 467-488.

[15] Kim, L., Y. Lim. Envirmonment, Generic Strategies, and Performance in a Rapidly Developing Country: A Taxonomic Approach [J]. Academy of Management Journal, 1988 (31): 802-827.

[16] Wright P., Kroll M., Tu H., Helms M. Generic Strategies and Business Performance: An Empirical Study of the Screw Machine Products industry [J]. British Journal of Management, 1991 (2): 1-9.

[17] Kim E., Nam D., Stimpert J. L. Testing the Applicability of Porter's Generic Strategy in the Digital Age: A Study of Korean Cyber Malls [J].

Journal Business Strategy, 2004, 21 (1): 19–45.

[18] Spanos Ye., Zaralis G., Lioukas S. Strategy and Industry Effects on Profitability: Evidence from Greece [J]. Strategic Management Journal, 2004, 25 (2): 139–165.

[19] Acquaah M., Yasai–Ardenkani M. Does the Implenmentation of a Combination Competitive Strategy Yield Incremental Performance Benefits? A New perspective from a Transition Economy in Sub–Saharan Africa [J]. Journal of Business Research, 2008, 6 (4): 346–354.

[20] Hambrick D.C. High Profit Strategies in Mature Captital Goods Industries: A Contingency Approach [J]. Academy of Management Journal, 1983 (26): 687–707.

[21] White, R.E. Generic Business Strategies, Organizational Context and Performance: An Empirical Investigation [J]. Strategic Management Journal, 1986 (7): 217–231.

[22] Miller D., Friesen P. H. Porter's (1980) Generic Strategies and Performance: An Empirical Examination with America Data (Part I: Testing Porter) [J]. Organization Studies, 1986a, 7 (1): 37–55.

[23] Miller D., Friesen P. H. Porter's (1980) Generic Strategies and Performance: An Empirical Examination with America Data (Part II: Performance Implications) [J]. Organization Studies, 1986b, 7 (3): 255–261.

[24] David J. S., Hwang Y., Pei B., et al. The Performance Effects of Congruence between Product Competitive Strategies and Purchasing Management Design [J]. Management Science, 2002, 48 (7): 866–885.

[25] Barney J. B., Hoskisson R. E. Strategic Groups: Untested Assertions and Research Proposals [J]. Managerial and Decision Economics, 1990, 11 (3): 187–198.

[26] Kim L., Lim Y. Environment, Generic Strategies, and Perfor–

mance in a Rapidly Developing Economy: A Taxonomic Approach [J]. A-cademy of Management Journal, 1988 (31): 802-27.

[27] Carter N.M., Stearns T.M., Reynolds P.D. New Venture Strate-gies: Theory Development with an Empirical Base [J]. Strategic Management Journal, 1994 (15): 21-41.

[28] Mcdougall, Robinson. New Venture Strategies: An Empirical Iden-tification of Eight " Ache Types" of Completive Strategies of Entry [J]. Strategic Management Journal, 1990, 11 (6): 447-467.

[29] Kim E., Nam D., Stimpert J. Testing the Applicability of Porter's Generic Strategies [J]. Strategic Management Journal, 1996 (1): 7-14.

[30] Durand R., Vargas V. Ownership, Organization, and Private Firms' Efficient Use of Resources [J]. Strategic Management Journal, 2003, 24 (7): 667-675.

[31] Delemas M., Tokat Y. Deregulation, Governance Structure, and Efficiency: The US Electric Utility Sector [J]. Strategic Management Journal, 2005, 26 (5): 441-460.

[32] Lieberman MB., Dhawan R. Assessing the Resource Base of Japanese and US Auto Producers: A Stochastic Frontier Production Function Approach[J]. Management Science, 2005, 51 (7): 1060-1075.

[33] Knott A., Posen H. Is Failure Good? [J]. Strategic Management Journal, 2005, 26 (7): 617-641.

[34] Nissim, D., S. Penman. Ratio Analysis and Valuation: From Re-search to Practice [J]. Review of Accounting Studies, 2001 (6): 109-154.

[35] Soliman, M. Using Industry-Adjusted Du Pont Analysis to Predict Future Profitability and Returns [J]. Ph.D. Dissertation, University of Michi-gan, 2004 (1): 7-14.

[36] Pratt, J., D. Hirst. Financial Reporting for Managers: A Value-

creation Perspective [M]. New York: NY, Wiley, 2008.

[37] Palepu K., Healy P. Business Analysis and Valuation: Using Financial Statements (Fourth Edition) [M]. Mason, OH: Thomson Southwestern, 2008.

[38] Philip L. Little., Beverly L. Little., David Coffee. The Du Pont Model: Evaluating Alternative Strategies in the Retail Industry [J]. Academy of Strategic Management Journal, 2009 (8): 71-80.

[39] Ying-Chan Tang, Fen-May Liou. Does Firm Performance Reveal Its Own Causes? The Role of Bayesian Inference [J]. Strategic Management Journal, 2010 (31): 39-57.

[40] Nicola M., Shadbolt. Competitive Strategy Analysis of NZ Pastoral Farming Systems [J]. 18th International Farm Management Congress Methven, Canterbury, New Zealand, 2011 (3): 122-132.

[41] Bermardin H. J. Performance Appraisal and Law [M]. In R. Schulerand S. Yongblood [Eds] and V.L. Huber, Editors Readings in Personel/ Human Resources, 235-252 West Publishing Co, StPaul, 1998 (1): 7-14.

[42] Yaimin R., Gunasekaran A., Mavondo F.T. Relationship between Generie Strategy, Competitive Advantage, and Firm Performanee: An Empirical Analysis [J]. Technovation, 1999, 19 (8): 507-518.

[43] Zahra S.A., Bogner W.C. Technology Strategy And Software New Ventures, Performance: Exploring the Moderating Effeet of the Competitive Environment [J]. Journal of Business Venturing, 2000, 15 (2): 135-173.

[44] Parker B., M. Helms. Generic Strategies and Firm Performance in a Declining Industry [J]. Management International Review, 1992, 32 (1): 23-39.

[45] Hambrick DC. High Profit Strategies in Mature Capital Goods Industries: A Contingency Approach[J]. Academy of Management Journal, 1983

（26）: 687-707.

[46] Wright P., Hotard D., Kroll M., Chan P., Tanner J. Performance and Multiple Strategies in a Firm: Evidence from the Apparel Industry [C]. In: Dean BV, Cassidy JC, Editors. Strategic Management: Methods And Studies. New York [M], NY: Elsevier-North Holland, 1990.

[47] Helms M.M., Haynes P.J., Cappel, S.D. Competitive Strategies and Business Performance with in the Retailing Industry [J]. International Journal of Retail and Distribution Management, 1992, 20 (5): 3-14.

[48] Spanos Ye., Zaralis G., Lioukas S. Strategy and Industry Effects on Profitability: Evidence from Greece [J]. Strategic Management Journal, 2004, 25 (2): 139-165.

[49] Eva M., Pertusa-Ortega, Jose F., Molina-Azorin, Enrique Claver-Cortes. Competitive Strategies and Firm Performance: A Comparative Analysis of Pure, Hybrid and "stuck-in-the-middle" Strategies in Spainish Firms [J]. British Journal of Management, 2009 (20): 508-523.

[50] Robert S. Kaplan., David P. Norton. The Balanced Scorecard: Measures that Drive Performance[J]. Harvard Business Review, 1992 (1/2): 71-79.

[51] Lee, J., D. Miller. Strategy, Environment and Performance in Two Technological Contexts: Contigency Theory in Korea[J]. Organization Studies, 1996 (17): 729-750.

[52] Bowman C., Ambrosini V. Perceptions of Strategic Priorities, Consensus, and Firm Performance [J]. Journal of Management Studies, 1997 (34): 241-258.

[53] Kim E., Nam D., Stimpert J. L. Testing the Applicability of Porter's Generic Strategy in the Digital Age: A Study of Korean Cyber Malls [J]. Journal Business Strategy, 2004, 21 (1): 19-45.

［54］ Enrique Claver-Cortes., Eva M. Pertusa-Ortega., Jose F. Molina-Azorin. Characteristics of Organizational Structure Relating to Hybrid Competitive Strategy: Implications for Performance ［J］. Journal of British Research, 2012（65）: 993-1002.

［55］ Parker B., Helms M. M. Generic Strategies and Firm Performance in a Declining Industry ［J］. Management International Review, 1992, 32（1）: 23-39.

［56］ Kamalesh K, Ram S, Charles Y. Pure versus Hybrid: Performance Implications of Porter's Generic Strategies ［J］. Health Care Management Review, 1997, 22（4）: 47-60.

［57］ Alamdari F., Fagan S. Impact of the Adherence to the Original Low-Cost Model on the Profitability of Low-Cost Airlines ［J］. Transport Reviews, 2005, 25（3）: 377-392.

［58］ Lee, J., D. Miller. Strategy, Environment and Performance in Two Technological Contexts: Contigency Theory in Korea［J］. Organization Studies, 1996（17）: 729-750.

［59］ Lindawati Gani., Johnny Jermias. Investigating the Effect of Board Independence on Performance across Different Strategies ［J］. The International Journal of Accounting, 2006, 41（1）: 295-314.

［60］ Hsueh-Liang Wu., Bou-Wen Lin., Chung-Jen Chen. Contingency View on Techonological Differentiation and Firm Performance: Evidence in an Economic Downturn ［J］. R&D Management, 2007, 37（1）: 75-88.

［61］ Miller D, Friesen T H. Strategy-Making and Environment: The Third Link ［J］. Strategic Management Journal, 1983, 4（3）: 221-235.

［62］ Prescott J. E. Environments as Moderators of the Relationship between Strategy and Performance ［J］. Academy of Management Journal, 1988, 29（2）: 329-346.

［63］Lee J, Miller D. Strategy, Environment and Performance in Two Technological Contexts: Contingency Theory in Korea ［J］. Organization Studies, 1996, 17（5）: 729-750.

［64］Lukas B. A., Tan J. J., Hult T. M. Strategic fit in Transitional Economies: The Case of China's Electronics Industry ［J］. Journal of Management, 2001, 27（4）: 409-429.

［65］Lindawati Gani, Johnny Jermias. Performance Implications of Environment-Strategy-Governance Misfit ［J］. Gadjah Mada International Journal of Business, 2009, 11（1）: 1-20.

［66］Eva M. Pertusa-Ortega., Jose F. Molina-Azorin., Enrique Claver-Cortes. Competitive Strategy, Structure and Firm Performance: A Comparison of the Resource-based View and the Contingency Approach ［J］. Management Decision, 2010, 48（8）: 1282-1303.

［67］Enrique Claver-Cortes., Eva M. Pertusa-Ortega., Jose F. Molina-Azorin. Characteristics of Organizational Structure Relating to Hybrid Competitive Strategy: Implications for Performance ［J］. Journal of British Research, 2012（65）: 993-1002.

［68］Miller D. Configurations of Strategy and Structure［J］. Strategic Management Journal, 1986, 7（3）: 233-250.

［69］Segev E. A Systematic Comparative Analysis and Synthesis of Two Business-Level Strategic Typologies ［J］. Strategic Management Journal, 1989（10）: 487-505.

［70］Reklitis P. Relating Corporate Innovative Behaviour to Porter's Strategies and Organizational Structure: The Case of the Greek Industry ［J］. Les Cahiers du Management Technologique, 2001, 11（1）: 67-83.

［71］Nikolaos Konstantopoulos, Panagiotis Trivellas, Panagiotis Reklitis. A Conceptual Framework of Strategy, Structure and Innovative Behaviour For the Development of a Dynamic Simulation Model [C]. Computation in Modern Science and Engineering, Proceedings of the International Conference on Computational Methods in Science and Engineering, 2007: 1070-1074.

[72] Rodgers Svetlana. Innovation in Food Service Technology and Its Strategic Role [J]. International Journal of Hospitality Management, 2007, 26 (4): 899-912.

[73] Jensen H. Theory of the Firm: Managerial Behavior, Agency Costs and Ownership Structure [J]. Journal of Finance Economic, 1976 (3): 7-14.

[74] Demsetz H, Lehn K. The Structure of Corporation Ownership, Causes and Consequences [J]. Journal of Political Economy, 1985 (93): 7-14.

[75] Farrell, M. J. The Measurement of Productive Efficiency [J]. Journal of the Royal Statistical Society, Series A, General, 1957, 120 (3): 253-281.

[76] Lovell, C. A. K. Production Frontiers and Productive Efficiency, in H. O. Fried, C. A. K. Lovell and S. S. Schmidteds. The Measurement of Productive Efficiency: Techniques and Applications [M]. New York: Oxford University Press, 1993.

[77] Aghion P., P. Bolton. An Incomplete Contract Approach to Financial Contracting [J]. Review of Economic Studies, 1992 (59): 473-494.

[78] Agrawl A., C. R. Knoeber. Firm Performance and Mechanisms to Control Agency Problem between Managers and Shareholders[J]. Journal of Financial and Quantitative Analysis, 1996 (31): 377-397.

[79] Agrawal A., G. Mandelker. Managerial Incentives and Corporate Investment and Financing Decisions [J]. Journal of Finance, 1987 (42): 823-837.

[80] Jie Wu. DEA Game cross Effieieney Approach to Olympic Rankings Omega [J]. The International Journal of Management Science, 2009, 37 (4),

909-918.

[81] 江小涓.中国体育产业：发展趋势及支柱地位［J］.管理世界，2018（5）：1-9.

[82] 江小涓.体育产业发展：新的机遇与挑战［J］.体育科学，2019，39（7）：3-11.

[83] 体育总局：2015年体育产业增加值占GDP的比重约为0.7%［EB/OL］. http：//news.xinhuanet.com/live/2015 -12/23/c_1117556693.htm，2015-12-23.

[84] 鲍明晓.从体育部门经营创收到现代体育产业体系初创——对改革开放以来中国体育产业发展的思考［J］.体育科学，2018，38（7）：15-16.

[85] 肖乐乐.2008年北京奥运会后中国体育产业政策变迁研究［D］.华东政法大学博士学位论文，2018.

[86] 魏亚楠.江苏省体育产业政策执行效果研究［D］.江苏师范大学博士学位论文，2018.

[87] 凤凰号，http：//wemedia.ifen 0m/37701478/we.media.shtm1.

[88] 黄海燕，徐开娟，廉涛，李刚.我国体育产业发展的成就、走向与举措［J］.上海体育学院学报，2018，42（5）：15-21，37.

[89] 搜狐财经，http：//www.sohu.com/a/l32529694—432066.

[90] 艾尔弗雷德·D.钱德勒.战略与结构［M］.昆明：云南人民出版社，2002.

[91] 汪秀婷.企业竞争战略的理论研究与实证分析［D］.武汉理工大学博士学位论文，2004.

[92] 明茨伯格等.战略过程：概念、情境、案例［M］.北京：中国人民大学出版社，2005.

[93] 林芳强，鄂海涛，陈圻.基于财务视角的企业竞争战略识别与检验——以华东地区汽车行业上市公司为例［J］.华东经济管理，2017，31

（2）：78-88.

[94] 迈克尔·波特. 竞争战略 [M]. 陈小悦译. 北京：华夏出版社，2007.

[95] 刘益，李垣. 企业竞争优势形成的综合分析模型 [J]. 管理工程学报，1998（12）：39-42.

[96] 周三多，邹统钎. 战略管理思想史 [M]. 上海：复旦大学出版社，2002.

[97] 郑兵云. 我国制造企业竞争战略对企业绩效的影响机制研究 [D]. 南京航空航天大学博士学位论文，2011.

[98] 林芳强. 基于财务分析视角的公司竞争战略模式识别与影响机制研究 [D]. 南京航空航天大学博士学位论文，2016.

[99] 王亚男. 沪市上市企业竞争战略时滞效应的比较研究 [D]. 湖南大学博士学位论文，2016.

[100] 甘碧群. 国际市场营销学 [M]. 北京：高等教育出版社，2001.

[101] 齐志博，张晨曦，杨丽. 竞争战略与绩效关系研究评述 [J]. 中国流通经济，2010，24（4）：61-64.

[102] 王铁男. 竞争优势：低成本领先战略的理性思考——沃尔·马特与邯钢保持竞争优势的比较分析 [J]. 管理世界，2000（2）：189-196.

[103] 蔺雷，吴贵生. 我国制造企业服务增强差异化机制的实证研究 [J]. 管理世界，2007（6）：103-113.

[104] 刘睿智，胥朝阳. 竞争战略、企业绩效与持续竞争优势——来自中国上市公司的经验证据 [J]. 科研管理，2008，29（6）：36-43.

[105] 孙明波. 基本竞争战略及其可模仿陷阱 [J]. 经济理论与经济管理，2004（4）：41-46.

[106] 陈圻，任娟. 创新型低成本战略的科学研究纲领方法论基础 [J]. 科学学研究，2011，29（3）：349-358.

[107] 陈圻. 通用竞争战略研究的历史反思——一个基于博弈与约束

优化建模的新研究架构［J］. 商业经济与管理，2018（4）：26-38.

[108] 谢锦堂，刘祥熹. Porter 基本策略之绩效涵义［J］. 东吴经济商学学报，2005（51）：1-36.

[109] 陈圻. 迈克尔·波特"权衡"论的竞争演化诠释［J］. 商业经济与管理，2008，192（10）：23-27.

[110] 任娟. 多指标面板数据融合聚类分析［J］. 数理统计与管理，2013，32（1）：57-67.

[111] 雷辉，欧阳丽萍等. 生物药品制造行业竞争战略影响企业绩效的时滞效应研究［J］. 中国管理科学，2014（11）：140-148.

[112] 李双杰，范超. 随机前沿分析与数据包络分析方法的评析与比较［J］. 统计与决策，2009（7）：25-28.

[113] 魏权龄等. 数量经济学［M］. 北京：中国人民大学出版社，1998.

[114] 黄森，蒲勇健. 中国省域经济综合效率分析——基于三阶段 DEA 模型的研究［J］. 山西财经大学学报，2010，32（3）：23-28.

[115] 谢有才. 基于 DEA 的战略组识别［J］. 南开管理评论，2006，9（3）：73-79.

[116] 任娟. 基于博弈 DEA 的竞争战略识别研究［J］. 管理工程学报，2015，29（4）：102-108.

[117] 陈圻，陈佳. Palepu 假设的 Nash 均衡检验［J］. 系统工程理论与实践，2015，35（8）：1956-1967.

[118] 任娟，陈圻. 基于竞争战略类型识别的中国制造业上市公司创新效率研究［J］. 科技管理研究，2015，35（3）：54-58.

[119] 林芳强，鄂海涛，陈圻. 基于财务视角的企业竞争战略识别与检验——以华东地区汽车行业上市公司为例［J］. 华东经济管理，2017，31（2）：78-88.

[120] 李纪明. 资源观视角下企业社会责任与企业绩效研究［D］. 浙

江工商大学博士学位论文，2009.

[121] 李垣，冯进路，谢恩. 企业绩效评价体系的演进 [J]. 预测，2003（3）：34-38.

[122] 刘海建. 红色战略还是灰色战略——针对我国制度转型中企业战略迷失的实证研究 [J]. 中国工业经济，2012（7）：147-159.

[123] 陈文浩，周雅. 竞争战略、资本结构与企业业绩 [J]. 财经研究，2007，33（1）：134-143.

[124] 王铁男. 竞争优势：低成本领先战略的理性思考——沃尔·马特与邯钢保持竞争优势的比较分析 [J]. 管理世界，2000，16（2）：189-196.

[125] 曾凡琴，霍国庆. "夹在中间悖论" 研究 [J]. 南开管理评论，2006，9（3）：67-72.

[126] 郑兵云，陈圻，李邃. 竞争战略对企业绩效的影响研究 [J]. 管理评论，2011，23（7）：101-107.

[127] 王永贵，邢金刚，李元. 战略柔性与竞争绩效：环境动荡性的调节效应 [J]. 管理科学学报，2004，7（6）：70-78.

[128] 李雪松，司有和，龙勇. 企业环境、知识管理战略与企业绩效的关联性研究——以重庆生物制药行业为例 [J]. 中国软科学，2008，23（4）：98-108.

[129] 郑兵云，李邃. 竞争战略、创新选择与企业绩效 [J]. 科研管理，2011，32（4）：59-68.

[130] 陈收，潘志强. 环境不确定性对竞争战略与企业绩效关系的调节效应 [J]. 中国科技论坛，2014（2）：57-64.

[131] 李忆，司有和. 探索式创新、利用式创新与绩效：战略与环境的影响 [J]. 南开管理评论，2008，11（5）：4-12.

[132] 郑兵云，陈圻，李邃. 差异化战略对企业绩效的影响研究——基于创新的中介视角 [J]. 科学学研究，2011，29（9）：1406-1414.

[133] 雷辉, 杨丹. 基于创新投入的企业竞争战略对绩效的影响 [J]. 系统工程, 2013, 31 (9): 114-120.

[134] 于立宏, 郁义鸿. 基于纵向差异化的价值创新战略[J]. 经济管理, 2007 (1): 43-48.

[135] 陈圻. 一般竞争战略的逻辑基础重构 [J]. 管理学报, 2011, 8 (8): 1146-1155.

[136] 韦铁, 鲁若愚. 基于 Hotelling 改进模型的服务创新差异化竞争战略研究 [J]. 管理工程学报, 2013, 27 (3): 69-73, 34.

[137] 蔡瑞林, 陈万明, 朱广华. 创新模式对竞争战略、创新速度的影响研究 [J]. 中国科技论坛, 2014 (11): 25-30.

[138] 张文忠, 王丹. 竞争战略下技术创新企业绩效与长期竞争优势分析 [J]. 税务与经济, 2017 (6): 38-43.

[139] 谭宏. 竞争战略对体育产业上市公司绩效影响的实证研究 [J]. 上海体育学院学报, 2018, 42 (2): 59-65.

[140] 韵江. 竞争战略新突破: 来自低成本与差异化的融合[J]. 中国工业经济, 2003 (2): 90-96.

[141] 王建华, 赖明勇. 企业竞争战略: 基于竞争场的分析构架 [J]. 经济评论, 2003 (5): 40-44.

[142] 张新英, 张瑞林, 王先亮. 体育用品企业竞争优势研究 [J]. 体育学刊, 2014 (11): 24-29.

[143] 李军岩, 程文广. 我国体育用品企业战略转型演化轨迹的案例研究 [J]. 沈阳体育学院学报, 2015 (12): 35-40.

[144] 陈媛, 寿在勇. 动态环境下我国体育用品企业战略变革研究 [J]. 沈阳体育学院学报, 2015 (8): 39-43.

[145] 刘强德, 刘明海. 我国创业体育企业环境及战略结构研究 [J]. 北京体育大学学报, 2008 (11): 1468-1471.

[146] 孙义良. 我国体育产业品牌发展战略研究[J]. 武汉体育学院学

报，2010（3）：34-39.

[147] 王建琴，葛春林. 基于 AHP 的中国女子水球队竞争力分析模型研究 [J]. 中国体育科技，2014（1）：88-94.

[148] 陈林会. 我国体育产业高质量发展的结构升级与政策保障研究 [J]. 成都体育学院学报，2019，45（4）：8-14，127.

[149] 赵勇. 新时代中国体育产业发展战略路径和对策措施研究 [J]. 体育文化导刊，2018（3）：1-7.

[150] 丛湖平，郑芳，童莹娟，陆亨伯，罗建英，王乔君，林建君，董晓虹，潘雯雯. 我国体育产业政策研究 [J]. 体育科学，2013，33（9）：3-13.

[151] 徐开娟，黄海燕，廉涛，李刚，任波. 我国体育产业高质量发展的路径与关键问题 [J]. 上海体育学院学报，2019，43（4）：29-37.

[152] 黄海燕. 新时代体育产业助推经济强国建设的作用与策略 [J]. 上海体育学院学报，2018，42（1）：20-26.

[153] 陈晓峰. 国家治理视阈下体育产业政策的价值分析[J]. 成都体育学院学报，2019，45（4）：23-28.

[154] 王裕雄，靳厚忠. 中国体育产业新政效果如何——来自资本市场的证据 [J]. 北京体育大学学报，2017，40（1）：16-21.

[155] 朱启莹，黄海燕. 体育产业政策对体育类上市公司资本市场价值的短期影响 [J]. 上海体育学院学报，2016，40（6）：1-7，15.

[156] 刘春华，李克敏. 基于混合多目标决策的我国体育产业政策评价 [J]. 北京体育大学学报，2018，41（7）：1-8.

[157] 姜同仁. 新常态下中国体育产业政策调整研究 [J]. 体育科学，2016，36（4）：33-41.

[158] 何睦. 重庆市体育产业政策研究 [D]. 重庆大学博士学位论文，2017.

[159] 郑志强. 中国体育产业政策研究综述[J]. 体育学刊，2010，17

（6）：14-20.

[160] 鲍明晓. 构建举国体制与市场机制相结合新机制 [J]. 体育科学，2018，38（10）：3-11.

[161] 张瑞林，王先亮. 中国体育产业发展机制创新研究[J]. 成都体育学院学报，2016，42（3）：19-24.

[162] 徐开娟，黄海燕. 长三角地区体育产业发展态势、经验与建议 [J]. 中国体育科技，2019，55（7）：45-55.

[163] 宋昱. 我国体育产业高质量发展的组织创新与布局优化研究 [J]. 成都体育学院学报，2019，45（4）：15-22，127.

[164] 陈杰琼. 我国体育产业政府管理体制改革的思路与对策研究 [D]. 东南大学博士学位论文，2017.

[165] 成会君. 体育产业发展引导资金的功能定位、引导机理及运行机制 [J]. 天津体育学院学报，2016，31（1）：12-17.

[166] 张永韬，刘波. 体育产业政府引导资金：概念、特征与效应 [J]. 体育与科学，2019，40（2）：68-74.

[167] 邢尊明，周良君. 我国地方体育产业引导资金政策实践、配置风险及效率改进——基于8个省、自治区、直辖市的实证调查及分析 [J]. 体育科学，2015，35（4）：12-21.

[168] 杨强. 体育与相关产业融合发展的路径机制与重构模式研究 [J]. 体育科学，2015，35（7）：3-9，17.

[169] 易剑东. 中国体育产业的现状、机遇与挑战[J]. 武汉体育学院学报，2016，50（7）：5-12.

[170] 姜同仁，夏茂森，刘娜. 我国体育产业发展方式转变中的路径依赖及对策研究 [J]. 天津体育学院学报，2017，32（5）：397-405.

[171] 李如胜. 我国上市公司股权结构与资本结构的关系研究 [D]. 暨南大学博士学位论文，2009.

[172] 杨德勇，曹永霞. 中国上市银行股权结构与绩效的实证研究

[J]. 金融研究，2007，323（5）：87-97.

[173] 叶祥松. 不同国家公司治理结构及其比较 [J]. 中央财经大学学报，2001（2）：1-6.

[174] 李善民，刘智. 上市公司资本结构影响因素述评 [J]. 会计研究，2003（8）：31-35.

[175] 赵正党. 中国商业银行技术效率与股权结构之间关系的实证 [J]. 求索，2008（1）：19 - 25.

[176] 姚伟峰. 股权结构与企业效率——基于信息行业与交通运输仓储行业上市公司数据比较研究 [J]. 中央财经大学学报，2010（9）：71-75.

[177] 原雪梅，何国华. 股权结构、公司治理与公司绩效——基于家电行业上市公司的实证研究 [J]. 上海金融，2007（7）：55-58.

[178] 孙柯洋，赵一飞. 基于因子分析和 SE-DEA 的港口上市公司经营效率评价 [J]. 上海海事大学学报. 2010，31（1）：67-71.

[179] 崔百胜. 我国体育产业上市公司股票收益率波动相关性的实证研究 [J]. 体育科学，2011，31（5）：42-48.

[180] 吴延年，陈卓等. 中国体育用品上市公司品牌竞争力评价——基于财务报表的分析 [J]. 体育科学. 2010，30（1）：30-35.

[181] 刘兵，董春华. 体育产业集群形成与区域发展关系研究 [J]. 体育科学，2010，30（2）：48-52.

[182] 陈军飞. 用数据包络分析法对港口水运上市公司经营效率的评价 [J]. 上海海运学院学报. 2004，25（1）：51-55.

[183] 黄森，蒲勇健. 中国省域经济综合效率分析——基于三阶段 DEA 模型的研究 [J]. 山西财经大学学报，2010，32（3）：23-28.

[184] 徐宏毅，欧阳明德. 中国服务业生产率的实证研究[J]. 工业工程与管理，2004（5）：73-76.

[185] 黄慧敏. 中国旅游业上市公司经营效率研究 [D]. 中国科学技术大学博士学位论文，2009.

［186］国务院办公厅.关于加快发展体育产业的指导意见［Z］.2010.

［187］马悦.我国汽车产业资本结构影响因素的动态研究［D］.吉林大学博士学位论文，2009.

［188］杨俊，王燕，张宗益.中国金融发展与贫困减少的经验分析［J］.世界经济，2008（8）：62-76.

［189］吕延方，陈磊.面板单位根检验方法及稳定性的探讨［J］.数学的实践与认知，2010，21（40）：73-76.

［190］刘宏杰.中国石油消费与经济增长关系的时间序列分析［J］.东北大学学报（社会科学版），2008，10（2）：121-126.

［191］陈颀，赵恒.中国体育用品制造业产业集聚程度变动趋势定量研究［J］.天津体育学院学报，2009，24（1）：56-61.

［192］柴萍.我国体育产业政策应用研究［J］.北京体育大学学报.2010，33（12）：27-30.

［193］夏碧莹.加快我国体育用品制造业转型升级的问题和对策［J］.北京体育大学学报，2011，34（7）：37-40.

［194］陈红玉.体育产业与文化产业的比较研究[J].北京体育大学学报，2012，35（4）：11-14.

［195］王晓东.中国高科技上市公司经营效率及其影响因素研究［D］.暨南大学博士学位论文，2009.